무명과 소국과민

언어학으로 읽는 『노자 도덕경』

무명과 소국과민

– 언어학으로 읽는 「노자 도덕경」

초판 인쇄 2025년 2월 15일
초판 발행 2025년 2월 25일

지은이 | 이봉호
펴낸이 | 김태화
펴낸곳 | 파라아카데미(파라북스)
기획편집 | 전지영
디자인 | 김현제

등록번호 | 제313-2004-000003호
등록일자 | 2004년 1월 7일
주소 | 서울특별시 마포구 와우산로29가길 83 (서교동)
전화 | 02) 322-5353 팩스 | 070) 4103-5353

ISBN 979-11-88509-88-1 (93150)

* 값은 표지 뒷면에 있습니다.
* 파라아카데미는 프라북스의 인문 학술 전문 브랜드입니다.

도덕경 도교의 민중성 arbitraire
langue jeu de l'uniformit 푸코의 담론·이론
민중의 말 소쉬르의 언어학 Notes et sujets
discourse police Principe de l'auteur
노장사상 차별적 구조 무명 항상한 도 소국과민

무명과 소국과민

언어학으로 읽는 『노자 도덕경』

이봉호 지음

파라아카데미

무명과 소국과민

　『도덕경』은 오랫동안 읽혀온 고전이다. 『도덕경』의 '비상명(非常名)'과 '무명(無名)'의 의미에 대해 어떠한 결론도 합의하지 못하였다. 다만 노자의 '비상명(非常名)'과 '무명(無名)'은 공자의 '정명(正名)'과 상관된 개념일 것으로 추측해 왔다. 왜냐하면 춘추(春秋) 시기부터 한(漢)나라 초기에 이르기까지 혼란의 시대였다. 이 혼란 극복을 위해 공자는 정명, 노자는 무명, 한비자는 법과 형명(刑名), 황로학은 형명론을 제시한다. 이를 철학사에서 명론(名論)이라고 부른다. 공자의 정명이든 노자의 무명이든, 한비자의 형명과 황로학의 형명이든 혼란을 극복하고 새로운 제도와 규범을 상상하고 정립하기 위한 철학적 논의들이었다.

　공자는 정명론을 주장하면서 주나라 초기의 예법을 회복하여 혼란을 극복하자고 주장한다. 한비자는 치국(治國)은 형명(刑名)을 세우는 것이라고 보았다. 진시황은 한비자로부터 시작된 법가의 논리에 따라 천하를 통일하고, 법에 따른 질서와 규범을 확립하였다. 이를 확인할 수 있는 기록이 회계산(會稽山: 절강성 소흥시 소재)에 세운 비석에 남아있다. "성인인 시황제가 천하에 임하자 비로소 형명이 정해졌다(秦聖臨天下, 始定刑名)." 이 문장에서 주목할 내용은 '비로소 형명이 정해졌다(始定刑名)'이다. 여기서 '형명'은 제도와 가치, 규범과 법률을 의미한다. 진시황이 새로운 질서와 규범으로 천하를 정비하였다는 의미이다. 한나라 초기에는 황로학의 형명론으로 정치를 시행한다. 문제와 경제 시기 황로학의 형명론에 따라 나라를 안정시켰다.

  공자의 정명, 법가의 형명과는 달리 노자는 "규범과 제도로서 명은 영원하지 않다[非常名]"라는 주장을 한다. 그리고 이를 넘어서 "규범과 제도로서 명이 없는 공동체[無名]"를 상상했다. 규범과 제도가 없는 공동체에서 백성이 주체적으로 규범과 제도를 만들어 갈 수 있음을 상상했다. 백성들이 자발성에 기초하여(百姓皆謂我自然-17장) 제도와 규범을 확립할 수 있다고 말한다. 무명한 상태의 공동체를 만들기 위해서는 백성의 말이 자유를 얻게 되는 조건이 만들어져야 한다. 이 조건은 성인과 지혜로운 자들이 세운 규범과 제도, 그들이 한 말이 교육되는 학문을 끊어 없애야 한다. 노자는 말한다. "성인과 지혜로운 사람들을 없애면 백성의 이익이 백 배가 되며, 인과 의를 버리면 백성이 효성스럽고 자애롭게 된다(絕聖棄智, 民利百倍. 絕仁棄義, 民復孝慈-19장)", "성인과 지혜로운 사람들의 말이 학문으로 교육되는 제도를 끊어 없애면 걱정이 없을 것(絶學無憂−20장)"이며, "학문이 아닌 것을 학문으로 삼아야 사람들의 허물이 회복된다(學不學, 復衆人之所過−64장)."

『장자』에서는 그 조건을 "천하에 존재하는 성인의 법을 완전히 제거해야만, 백성들이 비로소 참여하여 논의하며 자신의 말을 할 수 있다(殫殘天下之聖法, 而民始可與論議−「胠篋」)."라고 한다. 노자는 백성이 주체적으로 제도와 규범을 창출할 수 있는 조건으로써 무명한 상태의 공동체를 상상해 낸다. 그것이 바로 노자의 말로는 소국과민(小國寡民)의 공동체이다.

이 글들은 노자의 무명과 무명한 상태의 공동체인 소국과민의 성격을 탐색한 것이다. 무명과 무명한 상태의 공동체를 이해하기 위해, 소쉬르의 『일반언어학강의』의 논리를 참조하였다. 소쉬르는 언어학의 탐구 대상을 사회의 제도와 규범, 법이라고 보았다. 그리고 그러한 제도와 규범, 법을 이루는 기호로서 문자에 주목했다. 소국과민의 공동체가 무명한 상태의 공동체라면, 문자가 만들어낸 사회구조와 규범, 제도를 어떻게 바라보아야 할지 검토했다. 소쉬르는 기호로써 언어는 기표와 기의가 임의적으로 결합하고 있기에 필연적이거나 항구적이지 않다고 주장한다. 또 기호가 의미를 갖는 것은 언어구조 때문이라고 말한다.

노자도 제도로써 명(名)은 항구적이지 않다고 주장한다. 기호로써 도, 기호로써 덕의 기표와 기의를 의도적으로 일치시키지 않는다. 심지어 도와 덕이라는 기호는 기의가 없다. 누군가 채워야 하는 기의로 남겨둔다. 이러한 이유로 소쉬르의 언어학 관점과 담론 이론의 관점에서 노자의 비상명과 무명을 다룬 글들을 묶었다.

1장은 노자의 도와 소쉬르의 언어학을 비교한 기존의 연구를 검토하면서, 노자의 도가 소쉬르가 말하는 랑그일 수 없음을 해명했다. 다만 기호론에서 기표와 기의가 임의적으로 결합할 수 있음은 노자의 '비상명(非常名)'에 해당할 수 있음을 분석했다.

2장은 노자를 전후한 명론(名論)들에서 공자의 정명론(正名論)이 갖는 성격이 계급과 신분에 따른 예를 회복하자는 주장임을 해명하였다. 이에 비해 노자의 비상명(非常名)은 기존의 사회구조와 규범을 비판하고 전혀 다른 사회구조와 가치와 규범을 예비하는 논의임을 밝혔다. 이를 통해, 노자는 무명(無名)을 지향하고 있음을 암시했다.

3장은 노자의 소국과민이 무명한 상태의 공동체임을 연암 박지원의 『허생전』을 통해 해명하였다. 노자가 말하는 무명한 상태의 공동체를 '허생의 섬'이라는 물질적 공간에서, 그리고 산적떼 2,000명이라는 구성원에서 구현하는 연암의 노자 이해는 무명을 가장 여실하게 이해한 것임을 밝혔다.

1장에서 3장까지는 '비상명'에서 '무명'으로 이어지는 노자의 사유를 언어학에 따라 읽은 것이다. 4장과 5장은 노자에 대한 유학자

들의 이해를 담론이론으로 분석한 것이다. 유학자들의 노자 이해
는 이단 담론으로 일관된다. 이단 담론이 누구로부터 기원하는지,
그 이단 담론이 어떤 원리에 의해서 확대 재생산되며, 조선 유학자
들의 노자 이해로 이어지는지를 분석한 글이다. 담론이론을 가져
와 유학자들의 노자 이해를 분석한 것은 새로운 관점에서 노자를
이해할 수 있는 사유가 필요하다고 판단하였기 때문이다.

4장은 조선시대 노자주석서를 어떻게 이해하는지를 다룬 글이
다. 유학자들이 노자를 이해하는 관점들이 유학을 정당화하거나
유학의 논리로 노자를 이해하는 것임을 보여주기 위한 것이다.

5장은 유학에서 이단 담론의 기원을 해명하고, 주희가 이단 담
론을 확대 재생산하는 과정을 규명하였다. 또 주희가 노자를 이단
으로 규정한 담론과 그 담론의 구조를 해명하고, 주희 이후 유학자
들의 노자 이해가 주희가 만든 담론의 포로이거나 담론에 갇혀 있
음을 분석하였다. 이러한 분석은 푸코의 『담론의 질서』에서 담론의
경찰이라는 원리로 분석하였다.

6장은 노자가 민중의 입장에 선 사상가임을 드러내고, 이러한
민중의 입장에 선 지점에서 도교의 신으로 신화화하는 내용을 다
루었다. 이는 노자가 꿈꾼 무명의 세상이 바로 태평의 세상이라고
이해하기 때문이다.

노자가 말하는 무명한 상태의 공동체는 신분제가 없는 공동체이

다. 그 공동체는 구성원 모두가 자발성에 기초해 자신의 의견을 자유롭게 말하여 제도와 규범을 창안하는 공동체이다. 권력자와 지식인, 빈부의 격차가 존재하지 않는 최초의 상태가 바로 무명한 상태의 공동체이다.

연암(燕巖) 박지원(朴趾源)은 『허생전』에서 『노자』의 소국과민의 공동체를 소설로 묘사했다. 그 공동체는 물리적으로 육지와 동떨어진 섬이다. 그 섬의 규모는 대국(大國)이 될 수 없는 작은 섬이며, 2,000명의 구성원이 농사를 지어 삶을 영위할 정도이다. 그 공동체의 구성원은 조선이라는 계급과 신분 질서가 엄격한 나라에서 인간 대접받지 못한 천민과 노비, 도적들로 이루어져 있다. 허생은 그 섬에서 농사지은 쌀을 팔아 얻은 금과 은을 모두 바다에 수장하고, 모든 배를 불태우며, 문자를 아는 식자들을 데리고 섬에서 나온다. 그러면서 앞으로 아이들이 태어나면, 하루라도 먼저 태어난 아이를 형으로 부르고, 오른손으로 밥을 먹게 하라고 당부하고 섬을 떠난다.

이제 섬에 남겨진 이들은 무명한 상태에서 제도와 규범을 갖추어 나갈 것이다. 『허생전』의 섬은 노자가 말하는 무명한 상태, 혹은 소국과민의 공동체일 것이다.

이봉호 씀

차례

머리말 _ 무명과 소국과민 … 4

01. 노자의 도와 소쉬르의 언어학

1. 모순 … 14
2. 자의성(arbitraire)과 차별적 구조 … 24
3. 랑그(langue)와 '항상한 도' … 37
4. 해소 … 47

02. 공자의 '正名'과 노자의 '非常名'

1. 노자의 목소리 … 52
2. 正名非常名 … 54
3. 언어 질서와 사회구조 … 64
4. 텅 빈 도와 텅 빈 덕 … 74
5. 민중의 말 … 79

03. 노자의 '소국과민'과 '허생의 섬'

1. 허생의 섬 … 84
2. 문자 … 94
3. 폐명 … 102
4. 규모 … 111
5. 무명 … 118

04. 조선시대 노자 주석의 연구
    — '闢異端論'과 '以儒釋老'라는 관점을 중심으로

1. 조선시대 노자 주석들 … 124
2. 조선시대 유학자들의 '벽이단론'과 그에 대한 해석 … 127
3. '이유석노' 혹은 '탈주자학'이라는 해석의 틀 … 137
4. '사상사' 혹은 하나의 관점으로
    조선시대 노자 주석을 보려는 시각 … 144
5. 외연의 확장 … 148
보론: 조선시대 노자 주석서에 대한 연구의 경향 … 152

05. 푸코의 담론이론에 따라 읽은 '闢異端論'과 '以儒釋老'

1. 동일성의 놀이(jeu de l'uniformitē) ⋯ 166

2. 저자의 원리(Principe de l'auteur) ⋯ 171

3. 진위의 대결 ⋯ 181

4. 주석과 과목들(Notes et sujets) ⋯ 191

5. 담론의 경찰(discourse police) ⋯ 200

06. 노장사상과 도교의 민중성

1. 춘추전국 시기와 도가의 탄생 ⋯ 210

2. 노자와 장자, 사(士)가 되기를 거부하다 ⋯ 218

3. 도는 의지도 목적도 없는 저절로 그러한 것이다 ⋯ 222

4. 노자와 장자, 신이 되다 ⋯ 228

5. 태평세상을 여는 두 가지 방법 ⋯ 234

맺음말 ⋯ 245

노자의 도와
소쉬르의 언어학

01

1. 모순

노자의 도(道) 담론을 페르디낭 드 소쉬르(Ferdinand de Saussure, 1857~1913)의 언어학 구조로 파악하려는 시도가 있다. 이경재의 『'비(非)'의 시학』(2000)이 그러하다. 이경재는 본격적으로 소쉬르의 관점에서 노자 읽기를 시도한다. 이경재의 시도는 노자 읽기를 새롭게 접근하여 신선하기도 하고, 노자 이해에서 어떤 모순을 해결할 수 있을 것 같다.

'어떤 모순'이라 함은 다음과 같다. 『노자』 1장의 "말할 수 있는 도는 항상한 도가 아니다(道可道 非常道)"라는 문장은 '항상한 도(常道)'와 '말할 수 있는 도(可道之道)'로 구분된다. 1장의 이 문장에서 전건과 후건을 구분하는 술어는 '아니다(非)'이다. 이 '아니다(非)'에 주목하면, '말할 수 있는 도'는 참되거나 불변하는 '항상한 도'일 수 없다. '도'이긴 하지만 '말할 수 있는 도'는 '항상한 도'의 상태에 도달할 수 없거나, '항상한 도'와는 성질을 달리하는 도가 된다. 도라는 동일한 용어에서 성질이 다른 두 가지 도가 묶이게 된다.

이렇게 이해하는 방식은 왕필(王弼)의 주석 때문이다. 왕필의 주석에 따르면, '말할 수 있는 도'는 변화하는 현실과 실재들에만 적용되는[指事造形] 것들이다. 그래서 현실과 실재가 변화하듯이 그에 상응하는 도도 변화할 수밖에 없다. 그러기에 항상할 수 없고[非其常], 그래서 '항상한 도'라고 부를 수 없다[故不可(常)道]고 본다.[1] 심지어 왕필은 『노자』 18장의 "대도(大道)가 폐지되고서야 인의(仁義)가 있게 되었다"[2]라는 경문의 주석에서는 "무위(無爲)의 일을 잃어버려 지혜를 베풀고 선(善)을 세우게 되어버렸으니, 이는 도가 사물에 나아간 것"[3]이라고까지 말하고 있다. 여기서 '도가 사물에 나아갔다[道進物]'라는 문장의 의미는 대도(大道)가 폐지되면서 인(仁)과 의(義)를 기준으로 세우게 되는 상태를 의미한다. 이는 '항상한 도'가 '말할 수 있는 도'의 상태로 전환된 것을 의미한다.

왕필의 주석은 '항상한 도'와 '말할 수 있는 도'의 차이를 엄격하게 구분하고 있다. 왕필이 행한 구분에 따라 많은 연구자는 노자의 도에서 '영원'과 '변화'를 추출하고, 이들 용어를 '항상한 도'와 '말할 수 있는 도'에 적용해 왔다. 그런데 이러한 이해는 '항상한 도'와 '말할 수 있는 도'를 존재론적이거나 가치론적인 위계질서 속으로

---

1. 『노자』 1장에 대한 왕필의 주석: "可道之道, 可名之名, 指事造形, 非其常也. 故不可道, 不可名也."
2. 『노자』 18장, "大道廢有仁義, 慧智出有大偽, 六親不和有孝慈, 國家昏亂有忠臣."
3. 『노자』 18장에 대한 왕필의 주석; "失無爲之事, 更以施慧立善, 道進物也."

가져오는 것과 다르지 않다. '영원'과 '변화'에 수반된 철학적 개념들은 존재론적으로는 존재와 존재자, 실체와 현상에 해당하거나, 일자(一者)와 다자(多者) 등의 범주화를 수반한다. 이를 존재론 혹은 가치론으로 이해하면, 존재론적 위계와 가치론적 위계를 형성하게 될 것이다.[4]

『노자』1장 첫 문장에 대한 왕필의 주석은 '항상한 도'와 '말할 수 있는 도'를 확연하게 구분하고 있다. 만약 왕필이 '항상한 도'와 '말할 수 있는 도'를 '영원'과 '변화'의 관점으로 이해한 것이라면, '말할 수 있는 도'는 '항상한 도'에 도달할 수 없다. 왜냐하면 '말할 수 있는 도'보다 '항상한 도'가 존재론적으로든 가치론적으로든 고귀한 것이 될 것이기 때문이다. 또한 위계질서는 특정한 기준을 바탕으로 그것을 따르게 하는 규범의 체계이다. 이 규범은 대상을 지배하는 질서이기에, '항상한 도'가 '말할 수 있는 도'를 억압하는 것으로 읽어낼 수도 있다. 물론 '항상한 이름(常名)'과 '이름 부를 수 있는 이름들(可名之名)'의 경우에도 동일하다.

---

4. 존재와 가치의 일치는 플라톤의 입장을 따르는 서구 철학의 전통에 속한다. 플라톤에 따르면, 존재와 가치는 일치한다. 플라톤은 이데아는 참된 실재라고 보았으며, 이데아계에서 선의 이데아를 최고의 이데아로 상정하기에 이데아의 가치는 서열을 갖게 된다. 이러한 이데아의 가치서열은 존재에서도 가치서열을 갖게 된다.

그런데 '만물이 스스로 그러하다거나[自化]'[5], '스스로 조화로우면[自均]'[6] 문제는 심각해진다.[7] 만물이 스스로 그러하거나 스스로 조화로움을 이루면, 이들은 근거 지음을 자신이 갖는 혹은 자기 원인적 존재가 되기 때문에, '항상한 도'에 근거한 것이 아닐 수 있게 된다. '말할 수 있는 도'를 '도가 사물에 나아간 것[道進物]'의 상태로 이해하면, 만물은 자기 원인적 존재(causa sui)가 되어 스스로 그러한 것(self-so)이 되기 때문에 존재론적인 위계질서가 모순을 노정하게 된다. 심지어 '도가 저절로 그러한 것을 법칙으로 삼기[道法自然]'[8]까지 한 경우에는 '항상한 도'가 불필요하게 된다. 또한 자기 원인적 존재자들은 모두 자신의 도를 간직한 것이 되니, 그만큼의 '도들'이 탄생하게 된다. 이렇게 되면 '말할 수 있는 도

---

5. 『노자』 37장, "道常無爲而無不爲. 侯王若能守之, 萬物將自化. 化而欲作, 吾將鎭之以無名之樸. 無名之樸, 夫亦將無欲. 不欲以靜, 天下將自定."
6. 『노자』 32장, "道常無名. 樸, 雖小, 天下莫能臣也. 侯王若能守之, 萬物將自賓. 天地相合, 以降甘露, 民莫之令而自均. 始制有名, 名亦旣有, 夫亦將知止. 知止, 可以不殆. 譬道之在天下, 猶川谷之於江海."
7. 물론 만물들이 스스로 그러하거나 조화로우려면 군왕이 무위의 정치를 시행해야만 가능하다. 여기서 해명할 것은 최근 노자의 정치사상을 임금과 신하의 관계에서 발생하는 무위의 정치사상이라고 보는 견해들이 있다. 이는 법가 사상가인 한비자가 노자를 해석한 논리에 따른 것으로, 노자에서는 임금과 신하의 관계가 전혀 등장하지 않는다는 점에서 잘못 이해한 것으로 볼 수 있다. 노자는 도가적 성인(군왕)과 백성의 관계만 다룬다.
8. 『노자』 25장, 有物混成, 先天地生. … 人法地, 地法天, 天法道, 道法自然.

(可道之道)'는 '말할 수 있는 도들'이 된다.(이하 '말할 수 있는 도(可道之道)'는 '말할 수 있는 도들'로 사용한다) 이는 일자(一者)와 다자(多者)의 문제를 야기한다.

만약 논리학으로 일자(一者)인 '항상한 도'와 다자(多者)인 '말할 수 있는 도들'을 보편과 특수 개념으로 묶으려면 '말할 수 있는 도들'은 '항상한 도'에 포함되어야 한다. 『노자』 1장의 술어는 '아니다(非)'이므로 이 둘은 모순 관계가 된다.

바로 이 지점이 노자의 도에 깃든 '모순'으로 보인다. 다시 말해 '항상한 도'와 '말할 수 있는 도들'의 관계는 존재론적으로, 가치론적으로 위계를 갖는 듯도 하고, 그렇지 않은 듯도 하다. 또한 일자(一者)와 다자(多者)의 문제인 듯도 하고 아닌 듯도 하다.

이 모순에서 이경재는 '항상한 도'—그의 표현으로는 '전체성으로서의 도'—를 부재한 원인(absent cause)으로 보고, 형이상학적 또는 신학적으로 신[Deus sive Natur]으로 보고자 한다.[9] 결국 그는 존재−신학적 관점으로 노자를 읽어내려고 시도하며, 이러한 읽기의 방식을 위해 소쉬르의 언어학의 관점을 차용한다.

존재−신학의 논리에서 부재하는 원인이기는 하지만 하나님이 있어야만 피조물들이 존재할 수 있듯이, 존재론적 지평에서는 존재자들이 존재하게 하는 근원적인 존재로서의 '항상한 도'는 전제

---

9. 이경재(2000), 『非』의 시학』, 서울: 다산글방, p. 52.

되어 있어야 한다. 만약 『노자』 1장의 "이 두 가지 것은 같이 나왔지만 이름을 달리한다(此兩者, 同出而異名)"에서 "이 두 가지 것(此兩者)"이 '항상한 도'와 '말할 수 있는 도들'로 이해될 수 있고, 또 '항상한 도'와 '말할 수 있는 도들'이 존재론적 구조를 갖는다면, 존재로서의 도와 존재자로서의 도는 존재론적으로, 가치론적으로 위계를 갖게 된다.

이러한 입장에 서면, '항상한 도'는 궁극적인 실체이고, '말할 수 있는 도들'은 현실에서 궁극적인 실체의 다른 모습일 수 있다. 이러한 논리는 자연스럽게 존재자들이 따라야 하는 법칙 혹은 궁극적 실체를 전제하게 한다. 그래서인지 노자의 도를 읽어내는 방법에서 도는 실체라거나 도는 법칙이 입장들이 존재한다.[10]

그런데 도를 실체로 보거나 법칙으로 보는 관점은 문제가 있어 보인다. 동양적 사유에서 실체라는 개념이 존재했는가라는 점은 의심스럽다. 실체가 항구성을 가지면서 사물을 이루는 궁극적 존

---

10. 위의 내용에 대해 대표적인 입장들을 정리하면 다음과 같다. 가령 陳鼓應은 도를 형이상학적 실체로 본다. 陳鼓應(1992), 『老莊新論』, 上海:上海古籍出版社. p. 4.; 반면 이강수, 최진석 등은 법칙으로 본다. 이강수(1985), 『道家思想의 研究』, p. 185.; 최진석(2012), 『노자의 목소리로 듣는 도덕경』, p. 40.

재라는 개념에 비추어 보면,[11] 이에 합당한 개념을 찾기 어렵다.[12] 법칙이라는 개념도 필연성을 전제하고, 그것을 따라야 한다는 점[13]에서 성립 가능한지가 의심스럽다. 동양의 사유에서는 자연의 변화를 하나의 경향성이나 패턴으로 파악해 왔기 때문이다.[14] 물론 가치나 도덕의 영역에서 규범은 성립할 수 있다.

이러한 혼란은 앞서도 언급했듯이 『노자』 1장의 도에 대한 언설 때문으로 보인다. 그렇다면, 생각을 전환하면 어떨까? 『노자』 1장의 첫 문장은 '항상한 도'와 '말할 수 있는 도들'이 위계질서를 말한 것이 아니라고 보는 관점이다. 그 이유로 첫째, 존재론적이거나 가치론적인 위계를 말한 것이라면, 노자의 '나 스스로 그러함(我自

---

11. 서양철학에서 실체와 속성이라는 2항적 개념틀은 2000년 넘게 사용되어왔지만, 실체가 무엇인지, 그 실체를 둘러싼 속성이 무엇인지 명확하게 입증된 적은 없다. 실체가 서양철학에서 주된 개념어로 만들어진 역사를 살펴보아도, 일자(파르메니데스)라고 말하든 이데아(플라톤)라고 하든, "궁극적 기체(基體)로서, 이것은 그 밖의 다른 어떤 것에 의해서도 더 이상 서술할 수 없는 것(아리스토텔레스)"이라고 하는 실체의 실체를 파악하기 쉽지 않다.
12. 아마 이러한 이유로 도에 대한 표현들을 '道體', '道狀', '道用' 등으로 사용하고 있을 것이다. 이와 관련해서는 김충렬(1995), 앞의 책, p. 65를 보라.
13. 실체와 현상, 일자와 다자, 본질과 속성의 관계를 인과적으로 구성하거나 결정론적으로 구성하여 현상에 적용하면 필연성을 갖춘 법칙이 된다.
14. 이에 관해서는 야마다 게이지(1994)의 『중국과학의 사상적 풍토』, 박성환 옮감, "패턴·인식·제작"을 보라.

然)',[15] '스스로 균형을 이룸(自均)', '스스로 조화로움(自化)' 같은 자기원인적인 존재자를 설명할 수 없기 때문이다. 둘째, 노자 2장과 38장에서 보이는 것처럼, 가치어는 단독으로 성립될 수 없으며, 상대적이거나 반대적인 개념어들이 짝을 이루거나[16] 짝을 이룬 가치어는 위계를 형성하며,[17] 이 위계질서가 강제로 구축되는 과정을 폭로하는 것으로 이해되기 때문이다.[18] 다시 말해, 도란 실체나 근원이 아니라 상대적이며 자의적 관계로 현상세계를 개념화하거나 범주화한 것이며, 이러한 범주화나 개념화는 참이 아닐 수 있다고 노자는 주장하고 있지 않을까? 좀 더 부연하자면, 『노자』 1장

---

15. 『노자』 17장. "太上下知有之. 其次親而譽之. 其次畏之. 其次侮之. 信不足, 焉有不信焉. 悠兮其貴言. 功成事遂, 百姓皆謂我自然."

16. 『노자』 2장. "天下皆知美之爲美, 斯惡已. 皆知善之爲善, 斯不善已. 故有無相生, 難易相成, 長短相較, 高下相傾, 音聲相和, 前後相隨. 是以聖人處無爲之事, 行不言之教, 萬物作焉而不辭. 生而不有, 爲而不恃, 功成而弗居. 夫唯弗居, 是以不去."

17. 『노자』 38장. "上德不德, 是以有德, 下德不失德, 是以無德. 上德無爲而無以爲, 下德爲之而有以爲. 上仁爲之而有以爲, 上義爲之而有以爲, 上禮爲之而莫之應, 則攘臂而仍之. 故失道而後德, 失德而後仁, 失仁而後義, 失義而後禮. 夫禮者, 忠信之薄, 而亂之首. 前識者, 道之華, 而愚之始. 是以大丈夫處其厚, 不居其薄, 處其實, 不居其華. 故去彼取此."

18. 특히 『노자』 2장은 가치어가 상대적이거나 반대적인 개념어로 짝을 이루어 성립됨을 보여준다. 이에 비해, 『노자』 38장은 가치어의 위계가 어떻게 형성되어 있는지를 보여준다.

의 문장은 존재론적인 위계나 가치론적인 위계가 아니라, '차이의 체계(differential system)'임을 해명하려 한 것이 아닐까? '차이의 체계'로 구축된 세상의 질서는 영원한 질서가 아니라 임의적 관계 맺음에 지나지 않는다라고 주장하는 것으로 보는 것이다.

이러한 이해는 노자의 도를 소쉬르가 『일반언어학』에서 행한 랑그(langue)와 파롤(parole)의 구조로 읽게 만드는 요소이다. 소쉬르가 "모든 경우에서 우리가 포착하는 것은 미리 주어진 관념이 아니라, 체계에서 우러나는 가치"[19]이며, "인간이 세계를 파악하는 구체적 방법은 구조화와 차별화이며, 이런 방법은 이미 인간의 언어에 내재되어 있다"[20]고 한 발언과 『노자』 1, 2장의 말은 밀접해 보이기 때문이다. 아마 이러한 소쉬르의 사유와 노자의 사유가 이경재로 하여금 노자의 도를 랑그와 파롤의 도식으로 읽게 한 이유일 것이다.

이 글에서는 원로 신학자 이경재가 『'非'의 시학』에서 소쉬르의 랑그와 파롤의 구조와 노자 도들의 구조를 비교한 도식만을 논의의 주제로 다룬다. 그 이유는 이경재가 『노자』 1장에 대해 집중하여 논의를 진행하고 있기 때문이다.

필자는 이경재의 분석이 랑그의 '차이의 체계(differential system)'가 이데올로기일 수 있는 문제를 해결하지 못하고 있는 점을 지적

---

19. 소쉬르(2012), 『일반언어학 강의』, p. 162 참조.
20. 소쉬르(2006), 앞의 책, p. 166.

하면서, 그의 분석이 타당하지 않음을 보이고자 한다. 이러한 논의를 펼치기 위해 소쉬르의 언어학 연구에 대해 간략한 소개를 하고, 이경재의 도식을 소개하기로 한다. 또한 랑그와 파롤의 구조가 『노자』 1장의 '항상한 도가'와 말할 수 있는 도'를 구분하여 분석한 구조가 적절하지 않음을 논증하고자 한다.

2. 자의성(arbitraire)과 차별적 구조

우선 소쉬르의 생각을 조금 소개해 보자. 그래야만 이경재의 논리를 이해할 수 있기 때문이다.

절대적인 또는 신과 같은 것들의 질서를 얻는 것은 불가능하다. 그러니 하나의 관점을 선택해야 한다. 내가 볼 때 사물들의 의미는 그 본질에 의해 규정되는 것이 아니라 오히려 사물들 사이의 관계에 의해 규정된다.[21]

소쉬르의 이 말은 두 가지 의미를 함축한다. 하나는 형이상학의 원리나 체계를 규명하려 한 철학, 신학, 종교학 등의 학문 방법에 대해 사망선고를 내리는 것이다. 다른 하나는 아이러니하게도 한 줄기 희망으로 다가온다는 것이다. 그것은 이 사망선고로부터 새로운 방법을 얻었다는 것이다. 형이상학의 본질이나 실체에 대한

---

21. 조너선 칼러(2004), 『언어의 감옥』, p. 15. ; 소쉬르(2006), 앞의 책, p. 162 참조.

탐구로의 시선을 거두어들이고, 사물들과 그 관계에 관심을 두면서 사물들의 질서를 확인할 수 있다는 점이다.

소쉬르의 이러한 전회(Kehre)는 "미리 주어진 관념에서가 아니라, 체계에서 발생하는 가치"[22]에 주목한 것이었다. 이는 '언어가 실체가 아니라, 차이 형태라는 사실'[23]에 주목한 것이고, 인간이 세계를 파악하는 구체적 방법은 구조화와 차별화이며, "이런 방법은 이미 인간의 언어에 내재되어 있다"[24]는 것이다. 따라서 언어를 탐구하는 것은 언어에 내재된 구조화와 차별화를 탐구하는 것이다. 이 구조화와 차별화는 가치 체계이므로, 언어를 탐구하는 것은 '사회적 규약의 체계'를 탐구하는 일이 된다.[25] 왜냐하면 언어는 서로 관련 있는 가치의 체계이며, 사회구성원 사이의 의사 전달을 가능케 하는 규약 [26]이기 때문이다.

---

22. 소쉬르(2006), 앞의 책, p. 162.
23. 소쉬르(2006), 앞의 책, p. 166.
24. 소쉬르(2006), 앞의 책, p. 22.
25. 조너선 칼러(2004), 앞의 책, p. 71.
26. 소쉬르(2006), 앞의 책, p. 21.

2-1. 자의성(arbitraire)[27]

소쉬르는 '언어란 무엇인가'라는 질문을 던지고는 그 대답으로 '언어란 기호체계'라고 한다. 일상에서 듣는 생활 소음, 세탁기가 돌아가는 소리나 자동차의 경적은 언어일 수 없다. 그것은 의미를 전달하지 않기 때문이다. 반면에 시끄러운 힙합의 노랫소리는 언어이다. 의미를 전달하기 때문이다. 의미를 갖거나 전달하기 위해서는 소리는 규약체계 다시 말해 기호체계의 한 부분이 되어야 한다. 기호체계는 기호들이 만든 체계이므로, 언어를 탐구하기 위해서는 기호(signe)를 따져보아야 한다. 기호는 기표(signifiant)와 기의(signifie)의 결합물이다.[28]

문제는 기호에서 기표와 기의의 결합이 필연적이지 않으며 자의적(arbitraire)[29]이라는 점이다. 네발 달린 짐승으로 인간과 친밀한 관계를 맺으며, 충성스럽고 귀여운 동물을 '개'라고 부른다. 정말 개를 사랑하여 기르는 사람에게는 '개'라는 기표보다 '금쪽같은

---

27. 이경재는 소쉬르의 언어학에서 언어 그러니까 기호의 두 측면인 기표와 기의의 자의적 결합에 대해서는 본격적으로 논의하지 않는다. 또한 기호의 자의성을 가지고 노자의 도를 분석하지도 않는다. 하지만 소쉬르의 언어학을 이해하기 위해 꼭 필요한 내용이므로 이 글에 소개한다.
28. 소쉬르(2006), 앞의 책, p. 94 참조.
29. 소쉬르(2006), 앞의 책, p. 94 참조.

내 새끼'라는 기표가 더 적절할 수도 있다. 필자가 사는 낡은 아파트 단지의 동물병원 이름은 '금쪽같은 내 새끼'이다. 자녀를 출가시킨 노인들을 개를 아이처럼 옷을 입혀 포대기에 싸서 안고 다니면서 '내 새끼'라고 부른다. 만약 우리가 앞으로 개를 '금쪽같은 내 새끼'라고 부르기로 합의하면 '금쪽같은 내 새끼'라는 기표가 개를 지시할 수 있다. 이렇게 생각해 보면, 기표와 기의 사이에는 본질적인 연관이 전혀 없다는 것을 알 수 있다. 다른 경우도 생각해 볼 수 있다. '순진한'이라는 기표는 예전에는 '순수하고 참되며, 착한'이라는 기의를 가졌다. 그러나 현재의 의미는 '세상 물정을 모르는', '바보 같은' 뜻으로 바뀌었다. 기표와 기의가 필연적인 연관이 없듯이, 기의 자체도 불변하는 어떤 것이 아니며 언어의 상태에 따라 가변적이며 부수적일 수 있다.

결국 다음과 같은 뜻이 된다. 기표(signifiant)에 결합하는 특정 기의(signifie)가 되기 위해서 어떤 개념이 반드시 어떤 성질을 가질 필요가 없다는 것이다. 고정되거나 보편적인 개념도 없고 보편적인 기표도 없다. 그러므로 기표나 기의는 순전히 관계적이거나 차이 존재라는 원칙이 도출된다.

한 걸음 더 나아가 보자. 기표는 어떻게 동일성과 차이성을 갖는지, 기의는 어떻게 관계 속에서 규정되는지를 살펴보자. 먼저 기표를 살펴보자. 아내가 전화를 걸어 '나 자전거 샀다.'라고 했다. 내가 '어떤 자전거?'라고 물었다. 이 대화에서 '자전거'라는 동일한 기호가 두 번 사용되었다. 아내의 자전거라는 소리와 나의 자전거라는 소리는 서로 다르다. 아내의 성문(聲紋)과 나의 성문이 다르기에 자전거라는 소리가 각기 다르다. 그렇다면 나와 아내가 말한 '자전거'는 동일한 기표라고 할 수 있을까? 그런데도 나와 아내는 동일한 기의를 떠올렸다. 분명 어조가 다르고 성문이 다르기에 다른 기표임에 분명하지만, '자동차'라고 알아듣지 않고 자전거라고 이해한 것이다. 결국 어조와 성문이 다르다고 하더라도 변별성을 갖추면 같은 기의를 떠올린다.[30] 이는 두 가지 점에서 그러하다. 하나는 소쉬르가 청각영상(image acoustique)이라고 규정한 기표 때문이다. 청각영상인 기표는 물리적 사물의 실체적 소리가 아니라 그 소리의 정신적 흔적(concept)[31]이기에, 아내의 '자전거'라는 성문이 나의 감각에 '자전거'라는 소리를 재현한 것이다.[32] 다른 하나는 언어는 상대적 동일성을 갖는다는 차이의 체계(differential system)이다. 소쉬르는 차이의 체계(differential system)를 '제네바 발—파리행' 열차로 설명한다.

---

30. 조너선 칼러(2004), 앞의 책, p. 42 참조.
31. 소쉬르는 언어활동에서 기호를 개념과 청각영상의 결합이라고 정의를 내린다. "우리는 개념과 청각영상의 결합을 기호라고 부른다." 그리고 기호(signe)라는 낱말을 그대로 사용하면서 기의(signifie)와 기표(significant)를 각각 개념과 청각영상에 대응하여 사용한다. 소쉬르(2006), 앞의 책, p. 94 참조.
32. 소쉬르(2006), 앞의 책, p. 92 참조.

우리는 24시간 간격으로 떠나는 '제네바발-파리행 저녁 8시 25분 급행열차'가 비록 객차, 기관차, 승무원이 다르다 해도 각각의 날에 떠나는 기차를 동일한 기차로 간주한다. 그 기차에 동일성을 부여하는 것은 시간표에 따라 규정된 기차운행시스템이다. 이 상대적 동일성이, 비록 그 기차가 30분 늦게 출발한다고 해도 여전히 '제네바발-파리행 저녁 8시 25분 급행열차'가 될 수 있는 요소를 제공한다. 여기서 중요한 것은 이 기차가 '제네바발-파리행 10시 24분 급행열차' 또는 '제네바발-디종행 저녁 8시 40분 완행열차'와 뚜렷이 구분된다는 사실이다.[33]

이 인용문의 내용처럼 결국 기표의 동일성은 순전히 기차운행시스템(differential system)이라는 체계 내에서 어떻게 차이 기능하느냐에 따라 정해지는 것이다.

기의(signifie)의 경우도 어떤 흐름 속에서 자의적 구별을 갖는다는 점이다. 기의가 그 자체로 본질이 있는 독립된 개체가 아니라 한 체계의 부분이며, 그 본질은 다른 부분과의 관계 때문에 규정된다는 점이다. 가령 어린아이에게 노란색을 이해시키려고 할 때, 노란색과 빨간색, 녹색, 검정색 등을 같이 보여주면서 노란색을 이해시키는 방법이 더 현명하다. 노란색이라는 기의는 다른 색과의 관

---

33. 조너선 칼러(2004), pp. 43~44.; 소쉬르(2006), 앞의 책, p. 151. 앞의 책,

계에서 파악되어야 그 의미를 더 쉽게 파악하기 때문이다. 노란색을 이해시키기 위해서 다양한 색들을 제시하여 같이 보여준 것은 색깔 체계의 기의는 그러한 변별체계의 산물이자 결과라는 사실을 말해준다.[34] 한 언어 단위의 가치는 다른 언어 단위와의 차이 관계에 의존한다는 의미이다. 이를 소쉬르는 "언어에는 구체적인 가치 없이 차이만 존재한다."[35]라고 정리한다.

2-2. 차이의 체계(differential system)

지금까지 소쉬르의 언급이 기호를 중심으로 한 것이라면, 이제 그는 언어활동(langage)을 중심으로 논의를 진행한다. 바로 랑그(langue)와 파롤(parole)의 틈내기이다. 소쉬르에 따르면, 랑그는 언어의 형태 또는 형태들의 체계로서 언어를 말한다. 이는 개인의 두뇌에 잠재적으로 존재하는 문법 체계이자, 사회적 부분이며 개인의 외부에 있는 것으로 개인이 수동적으로 습득한 산물이다. 따라서 랑그는 공동체 구성원 사이에 맺어진 계약에 의해 존재하는 체계로서 언어이다. 이에 반해 파롤은 개인이 자신의 생각을 표현

---

34. 조너선 컬러(2004), 앞의 책, pp. 39~40 참조.
35. 소쉬르(2006), 앞의 책, p. 166.

하기 위해 언어 코드를 사용할 때 행하는 결합으로, 랑그를 집행하는 부분에 해당한다. 이는 개인의 의지적이고 지적인 행위이기에 심리적이고 물리적인 메커니즘을 갖는다. 파롤 행위를 통해 화자는 언어 체계의 기본 요소들을 선택, 종합하여 언어의 형태에 구체적인 소리와 모양을 입힌다.

소쉬르는 랑그와 파롤을 이렇게 구분하고 나서, "동일한 대상에 관련되지만 두 질서에 속하는 현상의 이러한 대립과 교차를 좀 더 잘 지적하기 위하여"[36] 공시 언어학(linguistique synchronique)과 통시 언어학(linguistique diachronique)이라는 용어로 이들의 관계를 재해석한다. 언어의 통시성이란 구체적인 담화인 파롤에서 화자가 말을 하는 순간 이미 과거로 사라지는 현상, 즉 파롤은 시간의 제한성을 지닌다는 점이 특징이다. 파롤이 시간의 제한성을 지니기에 동일한 집단의 의식에 의해 인식되지 않으며, 그들 사이에서 체계를 형성하지 못한다. 가령 "오늘 날씨는 어제보다 무덥다"라는 파롤은 담화 현장에서 발언 되자마자 사라지고, 화자와 청자 사이에 새로운 언어 체계를 형성하는 것은 아니다.

"오늘 날씨는 어제보다 무덥다"라는 파롤이 시간의 제한을 받는다 하더라도, 언어의 차이 조직, 즉 랑그의 구조 안에서 작동한 것이다. '오늘'과 '어제', '그제'라는 차이 체계와, '무덥다', '시원하

---

36. 소쉬르(2006), 앞의 책, p. 113.

다', '차갑다'라는 차이 구조가 전제되어야만 "오늘 날씨는 어제보다 무덥다"라는 파롤이 성립한다는 점이다. 파롤(parole)이 발화되려면 랑그(langue)의 차별 구조가 전제되어야 한다. 이러한 랑그의 차별적 구조는 언어의 공시성을 보여준다. 그래서 소쉬르는 시간적 구애를 받는 담화를 파롤로, 언어의 공시적 구조를 랑그라고 불렀다. 파롤은 랑그가 아니고, 랑그는 파롤이 아니다. 하지만 이 둘의 관계는 언어활동(langage)에서 뗄 수 없는 관계를 형성한다.

이제 이경재의 도식을 소개해 보자.[37] 소쉬르는 파롤의 존재 양식을 도식으로 그린 적이 있다.[38] 이경재의 도식은 소쉬르의 도식을 수정하고 발전적으로 재구성한 것으로 보인다. 이경재는 필자가 앞서 정리한 소쉬르의 언어학 내용을 압축적으로 요약하면서 다음의 표를 제시한다. 필자가 소쉬르의 언어학 내용을 요약하였

---

37. 이하 이경재(2000)의 『非'의 시학』, "2 노자의 언어학적 구조"을 요약해 싣는다.

38. 소쉬르는 랑그가 모든 사람에게 공통되고 소유자의 의지와 관계없지만 각자가 소유하고 있는 그 무엇이라고 보면서, 랑그의 존재양식을 다음과 같은 기호로 표시한다.
 1+1+1+1……=I(집단적 형태)
 파롤에 대해서는 집단적인 면이 전혀 없으며, 개인적이고 순간적이어서 개별적인 총합만 있을 뿐이라고 한다. 그리고 다음과 같은 도식을 그린다.
 (1+1'+1"+1'"……) 소쉬르 (2006), p. 28 참조.

으므로, 이경재의 분석에서 구체적인 내용을 제외하고 도식을 모아서 소개하면 다음 페이지 〈표1〉과 같다.

소쉬르의 일반언어학에 대한 상식적인 수준의 이해가 있다면, 이경재의 랑그와 파롤의 관계에 대한 도식은 타당하다고 판단할 것이다. 놀라운 것은 『노자』 1장과의 대비이다. 랑그와 파롤의 구조가 언어의 두 가지 양태이고, 『노자』 1장의 '항상한 도'는 '랑그적 도'이며, '말할 수 있는 도들'은 '파롤적 도'여서 '랑그적 도'와 '파롤적 도'는 모두 '도'이다[39]라는 그의 설명은 구조적으로는 타당해 보인다.

> 도가도와 상도는 파롤과 랑그의 관계로서 양자는 서로 다른 차별성과 부정성을 지니지만 동시에 그 부정성은 '말할 수 있는 도들'이 '항상한 도'의 공시적 전체성에서 일어나는 통시적 부분이라는 면에서 동일성을 지니는 모순의 변증법적 일치를 지닌다. 이를 우리는 쿠사누스의 용어로 모순적 일치(coincidentia oppositorum) 또는 하이데거나 헤겔의 용어로 차별의 일치(identity of difference)라고 표현할 수 있는 것이다.[40]

---

39. 이경재(2000), 앞의 책, p. 51.
40. 이경재(2000), 앞의 책, p. 51.

〈표1〉 소쉬르의 언어학 내용 요약 ▪

언어활동(langage)은 L로, 랑그(langue)는 l로, 파롤(parole)은 p로 약칭함*	도의 운동(道之動)은 Tao로, 말 할 수 있는 도(temporal Tao)는 tT로, 항상한 도(eternal Tao)는 eT로 약칭함*
(1) 파롤은 랑그가 아니다. $$p \neq l$$	(1) 말할 수 있는 도들은 항상한 도가 아니다. $$tT \neq eT$$
(2) 파롤의 집합은 랑그가 아니다. $$p(1+2+3+4 \cdots n) \neq l$$	(2) 말할 수 있는 도들의 집합은 항상한 도가 아니다. $$tT(1+2+3+4 \cdots n) \neq eT$$
(3) 랑그는 파롤에 대하여 감추어진 전체성이다. $$\frac{p(1+2+3+4 \cdots n)}{l} \neq \frac{l}{l}$$	(3) 항상한 도는 말할 수 있는 도들의 감추어진 전체성이다. $$\frac{tT(1+2+3+4 \cdots n)}{eT} \neq \frac{eT}{eT}$$
(4) 파롤과 랑그는 언어활동의 두 가지 양태이다. $$\underline{\frac{p(1+2+3+4 \cdots n)}{l} \neq \frac{l}{l}}$$ L	(4) 항상한 도와 말할 수 있는 도들은 도의 운동에 보이는 두 가지 양태이다. $$\underline{\frac{tT(1+2+3+4 \cdots n)}{eT} \neq \frac{eT}{eT}}$$ Tao

---

▪ 이 도식에서 필자가 약간 손질한 내용도 있고, 덧붙인 내용도 있다. 도식의 첫줄*은 필자가 구분한 것이고, (1)도 이경재의 글에는 없는 내용이다. 또한 도의 운동에 대해서도 이경재는 언급하지 않았다. 그리고 이경재는 (4)에서 '언어의 두 가지 양태'라고 표현하고 있지만, 소쉬르의 입장에서 보면 '언어활동(langage)의 두 가지 양태'라고 보는 것이 더 정확하다. 그래서 '언어활동'으로 고쳤다. (4)는 이경재의 글에는 없는 도식이다.

이경재의 말에서 "'랑그적 도'와 '파롤적 도'는 모두 '도'"라거나, "도가도와 상도는 파롤과 랑그의 관계로서 양자는 … '말할 수 있는 도들'이 '항상한 도'의 공시적 전체성에서 일어나는 통시적 부분이라는 면에서 동일성을 지니는 모순의 변증법적 일치를 지닌다." 라는 말은 '이 두 가지 것은 같이 나왔지만 이름을 달리한다[此兩者, 同出而異名]'라는 문장을 전제한 것이다. 그는 '此兩者'를 '항상한 도'와 '말할 수 있는 도들'로 보았다. 게다가 그는 '此兩者'가 지칭하는 것을 '항상한 도'와 '말할 수 있는 도들'에만 한정하지 않고, '항상한 이름'과 '이름 부를 수 있는 이름들', '무명(無名)'과 '유명(有名)', '무욕(無欲)'과 '유욕(有欲)'으로 확대한다. 그래서 이들의 양자가 동일성에서 나왔다면, 후자는 도이고 전자는 도가 아니라는 해석은 잘못된 것이라고 말한다.[41]

이경재의 논리에 따르면, 이 글의 첫머리에서 필자가 가졌던 질문은 해결되는 측면이 없지 않다. 상기하면, '항상한 도'와 '말할 수 있는 도들'에서 발생하는 존재론적이거나 가치론적 위계, 이 위계로부터 발생하는 억압구조는 해소되기 때문이다.

랑그와 파롤이 언어활동(langage)의 두 측면이듯이, '말할 수 있는 도들'과 '항상한 도'는 도의 두 측면이므로, 이는 동일한 도의 두 측면이 된다. 그렇다면 '항상한 도'와 '말할 수 있는 도들'은 동전의

---

41. 이경재(2000), p. 51.

양면과 같이 동일한 존재의 두 측면이기에 위계를 갖기 어렵다. 따라서 '항상한 도'와 '말할 수 있는 도들'의 관계는 존재론적이거나 가치론적인 구조가 아니라, 언어의 활동에서처럼 도의 두 측면을 말하는 것이 된다.

3. 랑그(langue)와 '항상한 도'

일단 이경재의 논리는 그럴싸해 보인다. 이경재는 『노자』1장을 '항상한 도'를 랑그로, '말할 수 있는 도들'을 파롤로 보았다. 랑그가 전제되어야만 파롤이 가능하듯이, '항상한 도'를 전제해야만 '말할 수 있는 도들'이 성립한다고 본 것이다. 그는 이러한 논리를 확대해 '항상한 이름'과 '이름 부를 수 있는 이름들', '무명(無名)'과 '유명(有名)', '무욕(無欲)'과 '유욕(有欲)'에 적용하고, 이들의 관계를 노자 1장의 마지막 문장인 '此兩者, 同出而異名(이 두 가지 것은 동일한 것에서 나와 이름을 달리한다)'에 수렴하였다. 여기서 '此兩者, 同出而異名'은 '언어활동(langage)의 두 가지 양태'처럼 도의 운동에서 나타나는 도의 두 가지 양태에 해당할 것이다.

문제는 '이 두 가지의 것(此兩者)'를 무엇으로 볼 것인가이다. 왕필은 '시(始)'와 '모(母)'로 보았다. 그가 '此兩者'를 '시(始)'와 '모(母)'로 본 이유와 '시(始)'와 '모(母)'에 대한 이해는 1장 주석을 통해 이해할 수 있다. 그가 '시(始)'와 '모(母)'로 '此兩者'를 해석한 이유는, 유(有)는 모두 무(無)에서 시작하기 때문이다. 형태를 갖추지 못한, 이름이 없는 상태, 다시 말해 무(無)가 '만물의 처음[始]'이다. 그리고 '유(有)'는, 형태를 갖추고 자라고 성장하여 특정한 꼴을 갖추고 이루어지는 것이 어미[母]가 낳고 기르는[42] 역할이 되기 때문이다. 여기서 '시(始)'와 '모(母)'에 대한 왕필의 이해는 도의 차원에서 논의하는 것이 아니라, 만물의 차원에서 논의한다는 점이다. '시(始)'가 바로 '만물의 처음'이라고 밝히고 있기 때문이다. 당연히 '모(母)' 역시 만물의 차원에서 말해지는 '모(母)'이다. 이러한 왕필의 이해는 분명 『노자』 1장의 마지막 구절을 염두에 둔 주석이다. 왜냐하면, 이 주석에서 '玄之又玄(가물한데다 또한 가물하다)'이라는 문장을 사용하고 있기 때문이다.[43]

왕필의 해당 주석을 가져와 보자.

두 가지란 '始'와 '모(母)'이다. 같은 곳에서 나왔다는 것은 현묘한 데서 같이 나왔다는 것이다. 이름이 다르다는 것은 적용되는 곳이 같을 수 없다는 것이다. 머리에서는 '始'가 되고 끝에서는 '母'가 된

---

42. 『노자』 1장, "無, 名天地之始, 有, 名萬物之母."에 대한 왕필의 주석; "凡有皆始於無, 故未形無名之時, 則爲萬物之始. 及其有形有名之時, 則長之, 育之, 亭之, 毒之, 爲其母也."
43. 『노자』 1장, "無, 名天地之始, 有, 名萬物之母."에 대한 왕필의 주석; "言道以無形無名始成萬物, 以始以成而不知其所以, 玄之又玄也."

다. 玄이란 어둡고 고요하여 텅빈 것이다. '始'는 '母'가 나오는 곳이다.[44]

이 주석에서 주의 깊게 볼 것은 시(始)와 모(母)의 관계이다. 모(母)는 시(始)로부터 나온다. 그리고 그 나오는 과정 혹은 그 전개의 방식은 처음[머리]에서 끝으로 진행된다. 그 전개에서 머리 부분에 해당하는 것이 시(始)가 되고 끝부분에 해당하는 것이 모(母)가 된다. 따라서 시(始)와 모(母)는 분리된 어떤 영역이거나 독립된 개념의 관계가 아니다. 다시 말해 차원을 달리하는 영역이거나 개념의 층위가 아니라는 것이다.

그렇다면 시(始)와 모(母)는 무엇의 관계 혹은 무엇의 전개를 말하는 것일까? 앞서 언급한 왕필의 주석에 따르면, 유(有)는 모두 무(無)에서 시작하듯이, 만물의 처음이 시(始)가 되고, 만물의 끝이 어미(母)가 된다[在首則爲之始, 在終則爲之母]. 이 문장의 의미는 만물의 생성과 운동, 그 전개를 의미한다고 볼 수 있다. 『노자』 40장은 이러한 전개를 분명하게 보여준다. 『노자』 40장은 만물은 유(有)에서 생성되고, 유(有)는 무(無)에서 생성되는 진행 방식

---

44. 『노자』 1장 "此兩者, 同出而異名, 同謂之玄."에 대한 왕필의 주석; "兩者, 始與母也. 同出者, 同出於玄也. 異名, 所施不可同也. 在首則爲之始, 在終則爲之母. 玄者, 冥(也)默(然)無有也, 始, 母之所出也."

을 말한다. 물론 만물의 이러한 전개방식은 도의 운동이다.[45] 『노자』 40장에 대한 왕필의 주석에서 유(有)와 무(無), 시(始)의 관계를 확인할 수 있다.

천하의 만물은 모두 유(有)로써 생겨난다. 유(有)의 처음인 상태[有之所始]는 무(無)를 근본으로 삼기에 유(有)를 온전히 하려면 반드시 무(無)에 되돌아가야 한다.[46]

이 주석의 내용을 따르면, 왕필은 유(有)와 무(無)의 관계 속에서 시(始)와 모(母)를 논의한다. 만물의 전개는 무에서 유로 이어지지만, 그 처음이 시(始)가 되며, 끝이 모(母)가 되는 것[在首則爲之始, 在終則爲之母]으로 이해할 수 있다. 이처럼 왕필은 '此兩者'를 철저하게 만물의 생성과 전개 혹은 운동의 차원에서 말하고 있다. 다시 말해 '항상한 도'와 '말할 수 있는 도들', '항상한 이름'과 '이름 부를 수 있는 이름들'과는 다른 차원에서 이야기하고 있다.

최진석(2014)은 '此兩者'를 유(有)와 무(無)로 본다. 그는 '此兩

---

45. 『노자』 40장, "反者, 道之動, 弱者, 道之用. 天下萬物生於有, 有生於無."
46. 『노자』 40장에 대한 왕필의 주석; "天下之物, 皆以有爲生. 有之所始, 以無爲本, 將欲全有, 必反於無也."

者 同出'에서 '同出'을 "같은 곳에서 나왔다"라고 해석하면서 '같은 곳'을 도(道)로 간주하고, 도가 유와 무를 발생시킨 것으로 보거나 도의 두 가지 다른 모습으로 유와 무를 이해하는 것은 오류라고 주장한다. 그는 단호하게 '此兩者'를 유와 무로 본다. 그가 '此兩者'를 유와 무로 보는 근거는 노자가 세계를 개괄하는 두 범주이기 때문이라고 본다.[47] 최진석은 도와 무관한 세계의 범주로서 유와 무를 '此兩者'라고 보는 것이다.

최진석의 입장은 필자의 이해와 비슷하다. 필자는 '此兩者'를 유와 무라는 범주에서 유의 처음인 상태[始]와 만유(萬有)가 존재하는 상태[母]를 의미한다고 본다. 유와 무라는 범주와 그 범주의 처음과 만유가 존재하는 상태를 무와 유로 보는 것이다. '此兩者'는 항상한 도와 말할 수 있는 도들에 대한 언설이 아니기에 도의 두 가지 양태를 유와 무로 말한 것이 아니다.

결국 '此兩者'는 '항상한 도'와 '말할 수 있는 도들'의 차원, 다시 말해 도의 두 가지 양태라고 할 수는 없다. 이는 왕필의 이해를 따르더라도 도의 차원일 수 없으며, 이는 만물의 운동 차원 혹은 만물의 존재 계기의 차원에서 이해되어야 할 것이다. 이러한 차원을 도의 운동이라고 할 수 있지만 도의 두 가지 양태로서 유와 무는 아니다.

---

47. 최진석(2014), 『노자의 목소리로 듣는 도덕경』, p. 31 참조.

만약에 이경재의 논리가 왕필에 의해 구축된 '항상한 도'와 '말할 수 있는 도들', '항상한 이름'과 '이름 부를 수 있는 이름들'의 분리와 차별의 구조를 극복하고자 기획된 것이라면, 왕필의 이 논리 역시 극복했어야 했다. 하지만 이경재의 글에서는 이러한 논리적 극복은 드러나지 않았다.

소쉬르는 언어를 탐구하는 것은 가치와 규범, 제도를 탐구하는 일이라고 정의했다. 다시 말해, 언어의 차별적 구조가 현실 사회의 규약이고, 언어학의 탐구란 현실 사회의 규약을 탐구하는 것이라고 보았다. 따라서 소쉬르의 입장을 노자의 도에 적용하는 것은 두 가지 의미를 함축한다. 하나는 노자가 행한 도에 대한 언급들이 현실 사회의 규약들이라는 점이다. 노자가 언급한 도들은 그것이 언어적 정의를 회피하고 있다고 하더라도 도들은 사회적 가치와 규범, 제도에 해당할 것이다. 다른 하나는 노자의 '항상한 도'가 랑그(langue)라면, '항상한 도'는 차별적 구조가 될 것이다. '말할 수 있는 도들'은 파롤(parole)이 되고, '말할 수 있는 도들'은 차별적 구조인 '항상한 도'를 실천한 것에 지나지 않을 것이다.

진부하지만, 언어가 가진 이데올로기의 속성에서 따져보아도 그러하다. 언어가 약호 체계인 한, 언어는 금지와 차단의 그물이다. 왜냐하면 누군가 약호 체계를 벗어난 기호를 사용한다는 것은 그는 공동체에서 이방인이거나 야만인으로 치부될 가능성이

높다.[48] 이방인과 야만인으로 취급을 당하지 않기 위해, 그 공동체의 약호 체계를 사용하는 것이다. 다시 말해 언어는 권력 형태 그 자체이기 때문에 우리가 의사소통한다는 것이 바로 억압의 기제의 체계에 들어가는 것이고, 억압 기제를 사용하는 것이다. 언어의 이러한 측면을 롤랑 바르트(Roland Barthes, 1915~1980)는 다음과 같이 말한다. "모든 수행된 언어로서의 랑그는 반동적이지도, 진보적이지도 않다. 간단히 말해 그것은 파시스트적이다."[49]

바르트의 말은 랑그가 갖는 차별적 구조에 주목한 것이다. '랑그가 파시스트적'이라는 말은 랑그 체계가 갖는 전체주의적 속성을 까발린 것이다. 다시 말해 랑그의 차별적 구조가 어떤 종류의 위계에 기초하고 있음에 주목한 것이다. 소쉬르의 말대로 랑그는 2항 대립의 구조[50]를 갖고 있기에, 부유함과 가난함, 고귀함과 비천함, 양과 음, 남과 여와 같은 계급 혹은 계층적 질서를 전제하고

---

48. 야만인을 의미하는 'a barbarian'이 이오니아 섬에서 활동하던 비그리스계 상인들의 언어 기표에서 기원했다는 것만 보아도 알 수 있다. 이오니아인들은 비그리스계 사람들이 사용하던 언어 기표를 'barbar'로 들었고, 이 기표를 아랍인들을 지칭하는 것으로 삼았다. 다시 말해 이방인과 야만인을 의미하는 기의를 'barbar'라는 기표에 실은 것이다.
49. 올리비에 그불(1994), 『언어와 이데올로기』, p. 42 재인용. 이 명제는 바르트의 『강훈』에 나오는 공식이라고 한다(뱅상 주브(1994), 『롤랑 바르트』, 하지만 한국에 『강훈』이 번역되어 있지 않아 위의 책에서 재인용한다.
50. 소쉬르(2006), 앞의 책, p. 168.

있거니와, 선함과 불선함, 올바름과 바르지 않음, 좋음과 나쁨과 같은 가치적 질서를 전제한다. 그래서 소쉬르는 언어의 차별적 구조가 현실 사회의 규약인 가치 체계, 제도, 규범이 된다고 한 것이다. 바르트의 논리는 소쉬르가 말한 랑그의 2항 대립 구조가 바로 파시스트적이라고 한 것이다.

바르트의 논리를 랑그와 파롤의 구조에 적용하고, 이를 다시 이경재의 논리에 결합하면, '말할 수 있는 도들'은 언어 수행자가 이데올로기적인 '항상한 도'를 수행한 것이다. 그는 어떤 상황에서도 언어 수행을 통해 파시스트로서의 역할을 수행한 것이 된다. 왜냐하면 랑그로서의 '항상한 도'는 위계 구조이기 때문에 개인이 파롤을 수행한다는 것은 계급적 질서를 수행했거나, 가치적 질서 구조를 수행하는 일이 되기 때문이다.

그런데 노자의 도와 관련된 언설들은 당대의 가치 질서에 저항하고 있다는 것은 부정할 수 없다. 당대의 가치 질서인 성(聖)과 지(智), 인(仁)과 의(義)를 부정하기 때문이다.[51] 성과 지, 인과 의는 당대 현실 사회의 규약이기 때문이다. 심지어 당대의 사회 규약을 교육하던 제도조차 버리라고 한다.[52]

---

51. 『노자』18장, "大道廢有仁義, 慧智出有大僞, 六親不和有孝慈, 國家昏亂有忠臣."
52. 『노자』19장, "絶聖棄智, 民利百倍, 絶仁棄義, 民復孝慈, 絶巧棄利, 盜賊無有. 此三者以爲文不足, 故令有所屬, 見素抱樸, 少私寡欲."

노자는 당시의 종교였던 천에 대해 부정하고,[53] 사 계급이 지향했던 지식, 재주, 성과 지, 인과 의를 부정한다. 이러한 지식이 전쟁을 부추기고 백성들을 죽음으로 내몰고 있다고 본다.[54] 특히 노자에는 신하나 관료, 사(士) 계급에 대한 비판은 있지만 이들이 취해야 할 사상과 정치적 태도에 관한 언급은 전혀 없다. 이 사실이 함축하는 것은 노자는 당시의 정치질서와 지식체계에 대한 철저한 부정과 비판을 견지한다는 점이다.

물론 노자의 정치사상을 '무위(無爲)'로 규정하고, 이를 법가(法家)의 무위(無爲)로 이해하는 시도들이 없지 않다. 하지만 한비자(韓非子)의 무위설은 노자의 사상을 법가적으로 해석해 군왕과 신하 사이에서 군왕의 권력을 강화하려 시도한 논리로 제시한 점에서 그 성격이 다르다. 한비자가 「해로(解老)」와 「유로(喩老)」편을 지어 노자를 해석한 것은, 노자의 무위사상을 군왕과 신하 사이의 권력을 두고 군왕의 권력을 강화하려 하는 점에서 군왕의 마음 상태를 보이지 않음이라는 권모술수로 해석한 것이다.[55] 그러나 노

---

53. 『노자』 24장의 "人法地, 地法天, 天法道, 道法自然."과 같은 문장이 대표적인 예가 될 것이다. 또한 5장의 "天地不仁, 以萬物爲芻狗, 聖人不仁, 以百姓爲芻狗."라는 문장도 그 예가 될 수 있다.
54. 이러한 관점에서 노자를 이해한 논문은 이봉호(2014)의 논문이 대표적이다.
55. 한비자의 '무위설'은 군왕은 무위(無爲)하고, 신하는 유위(有爲)하는 것으로 정리될 수 있다. 군왕은 법(法), 술(術), 세(勢)라는 통치수단을 가지고 군왕

자에서는 이러한 무위의 성격은 전혀 없으며, 오히려 전체주의적 경향을 해체한다. 그러기에 노자는 당시의 귀족관료들이나 사(士) 집단이 자신들의 사상적 정체성으로 삼은 인(仁)과 의(義)를 버리고, 이들을 길러내던 교육제도도 버리라고 주장하는 것이다.

이러한 관점에서 보자면, 노자의 도 담론은 랑그적 속성을 갖는다고 보기 어렵다. 랑그가 차이의 체계(differential system)인 한, 랑그가 갖는 파시스트의 속성 때문에 랑그로서 도는 금지와 차단의 기제로 작동하게 될 것이다. 노자의 도 담론을 랑그로 해석하면, 이는 노자 사상이 갖는 비판 정신이 역으로 전체주의를 설명하는 논리로 전환되어 버리게 된다. 노자는 당시의 사회적 규약인 성(聖)과 지(智), 인(仁)과 의(義)를 비판하고 부정할 뿐만 아니라, 이러한 내용을 교육하는 제도조차 거부한다. 그런데도 노자의 도를 랑그와 파롤로 이해하게 되면, 노자의 도가 사회적 규약으로 정립되는 모순을 초래할 것이다.

의 의도와 마음을 신하들에게 드러내지 않으며, 신하들이 유위하도록 청지를 하는 것이다. 이는 노자가 말하는 무위와 전혀 다른 의미이다. 노자라는 텍스트에서 신하는 등장하지 않는다. 그리고 법, 술, 세라는 통치 술수도 등장하지 않는다. 따라서 한비자는 노자의 '무위설'을 군왕의 통치술로 해석한 것으로 볼 수 있다.

4. 해소

  이상의 논의로부터 우리는 글 첫머리에서 제기했던 '모순'을 해결하지 못하였다는 것이 분명해졌다. 결국 이경재의 논리는 존재—신학적 지평에서 '항상한 도'와 '말할 수 있는 도들'의 위계질서를 구제 혹은 해체하기 위한 언어학적 접근이었다.

  하지만 그가 사용한 랑그와 파롤이란 구조로 『노자』 1장을 분석한 것은 적절해 보이지 않는다. 랑그가 차별의 구조이기 때문이고, 랑그의 차별적 구조는 사회의 규약이자 가치 체계이기 때문이다. 결국 이경재가 존재—신학적 지평에서 '부재적 원인'을 제시해 위계질서를 해체하려 했던 시도들은 오히려 새로운 위계를 형성하게 하는 논리가 될 수 있다. 그가 만든 새로운 위계는 『노자』 1장에서 '말할 수 없는 도'를 부재의 원인이거나 2항 대립의 가치 질서의 원인자로 만들었다. 이는 '말할 수 없는 도'를 계층적 구조를 구축하는 보이지 않는 권력(shadow power)으로 이해하게 만들었다. 이는 모순을 해결하려다 노자의 '항상한 도'를 오히려 위계의 정점에 놓는 결과를 가져왔다.

오히려 『노자』 1장의 도 담론은 당대의 담론이 권력의 질서임을 해명하는 것으로 이해하는 것이 정당할 것이다. "말할 수 있는 도들은 항상한 도가 아니다."라는 문장에서, '말할 수 있는 도들'은 당대의 주류 담론에 해당할 것이고, 그 주류 담론은 '항상한 도가 아니다.'라는 선언을 한 것으로 읽혀야 한다. 따라서 『노자』 1장이 의도하는 바는 권력 담론에 저항하는 방식으로 이해되어야 할 것이다. 이것이 노자가 도 혹은 덕을 체득한 사람은 갓난아이 같거나[含德之厚, 比於赤子] 바보 같거나[而我獨若遺. 我愚人之心也哉] 울퉁불퉁한 통나무 같아야[道常無名, 樸] 한다라고 말한 뜻에 부합할 것이다. 도대체 '도가 진리나 가치의 기준일 수 없다'라는 선언으로 보아야 할 것이다.

이제 '모순'을 '해소'할 때가 되었다. 『노자』 1장의 도 담론은 존재론적인 위계나, 가치론적인 위계가 아니다. 물론 랑그와 파롤의 구조도 아니다. 『노자』 1장의 도 담론을 존재론적인 위계나 가치론적인 위계로 파악하게 한 것은, 실체와 속성, 일자(一者)와 다자(多者)라는 서양 전통 존재론의 관점에서 접근했기 때문이다. 이러한 서양철학 접근은 이제 구조주의와 해체주의적 접근까지 진행했다. 구조주의적 관점에서 노자 이해도 여전히 신중하고 세심한 접근은 필요해 보인다. 다만 소쉬르의 '기호의 자의성'은 노자의 담론들과 연관성이 있어 보인다.

참고문헌

『노자』

이경재. 2000. 『'非'의 시학』, 서울:다산글방.

김형효. 1999. 『노장사상의 해체적 독법』, 성남:청계출판사.

김충렬. 1995. 『김충렬 교수의 노장철학강의』, 서울:예문서원.

이강수. 1985. 『道家思想의 研究』, 서울:고려대학교민족문화연구원.

최진석. 2012. 『노자의 목소리로 듣는 도덕경』, 고양:소나무.

陳鼓應. 1992. 『老莊新論』, 上海:上海古籍出版社.

페르디낭 드 소쉬르. 2006. 『일반언어학 강의』, 최승언 옮김, 서울:민음사.

올리비에 그불. 1994. 『언어와 이데올로기』, 홍재성, 권오룡 옮김, 서울:역사비
평사.

프레드릭 제임슨. 1990. 『언어의 감옥』, 윤지관 옮김, 서울:도서출판 까치.

조너선 컬러. 2004. 『소쉬르』, 이종인 옮김, 서울:시공사.

뱅상 주브. 1994. 『롤랑 바르트』, 하태환 옮김, 서울:민음사.

이종우. 2007. 『구조주의와 그 이후』, 파주:살림출판사.

야마다 게이지. 1994. 『중국과학의 사상적 풍토』, 박성환 옮김, 서울:전파과학사.

이봉호. 2014. 「노자사상과 초기 도교의 민중성」, 『동양철학』 제41집, 한국동양
철학회.

공자의 '正名'과
노자의 '非常名'

02

1. 노자의 목소리

나는 이 글을 쓰면서 노자의 목소리가 나를 앞질러 말하기를 바랐다. 혹은 내가 글을 쓰는 순간에도 노자의 담론이 나를 통해 발화되기를 바랐다. 나는 노자의 목소리에 둘러싸이기를 바랐다.[1]

"노자의 도와 소쉬르의 언어학: 잘못된 만남"(2016)이라는 글을 쓰고 나서, 노자의 목소리를 기다렸다. 노자의 목소리가 나를 통해 발화되기를 기다렸다. 이제 노자의 목소리가 소쉬르의 언어학과 제대로 된 만남을 주선하라고 말한다. 그러면서 자신의 '비상명(非常名)'이 소쉬르의 '기호의 자의성(arbitraire)'에 해당할 수 있다고 말한다. 그렇지만 자신의 목소리는 소쉬르를 뛰어넘는 것이라고 말한다. 노자 자신과 소쉬르의 접점은 '비상명'과 '기호의 자의성'에만 한정된다고 말한다. 그리고 노자는 자신의 담론이 언어 질

---

1. 이 문장은 푸코의 꼴레쥬 드 프랑스 취임 강연의 원고인 『담론의 질서 L'ordre du disdours』의 첫 문장을 패러디한 것이다.

서가 구축한 사회의 제도와 법, 규범에 대한 저항이자 해체이며, 이를 통해 전혀 다른 언어 질서가 가능한지, 그 언어 질서로 구축한 공동체의 구조는 어떠한 것이 되어야 하는지를 모색한 것이라고 한다.

필자는 노자의 목소리를 최대한 그대로 재현하면서 이 글에 옮기려 한다. 노자의 '비상명'과 소쉬르의 '기호의 자의성'에 초점을 맞추면서 제도로서 언어[2]에 대한 노자의 저항과 해체를 재현하고자 한다.

이를 위해 '명(名)'에 대한 동양 전통의 논의들이 갖는 의미를 다룰 것이다. 그 명에 대한 동양 전통의 담론이 단순히 사물의 명칭[物名]에 관한 논의가 아니라 사회의 규범과 제도에 대한 담론임을 해명할 것이다. 그리고 노자의 비상명은 이러한 제도로서 언어에 대한 저항이자 해체임을 다룰 것이다. 이 과정에서 소쉬르의 언어학을 적절하게 인용하면서 노자의 도 담론과 소쉬르의 접점이 '비상명'과 '기호의 자의성'임을 해명하고자 한다.

---

2. 제도로서 언어라는 용어는 소쉬르에 의해 제안된 개념이다. 소쉬르는 언어가 일종의 제도이며, 언어를 탐구하는 것은 가치와 규범, 법과 제도를 탐구하는 것이라고 보았다. 결국 언어가 한 사회의 구조를 구축하는 것이어서 언어의 탐구는 사회제도를 탐구하는 것이라고 보았다.

2. 正名非常名

이 장의 제목을 "正名非常名"으로 삼았다. "正名非常名"은 『노자』1장의 한 구절을 패러디한 것이다. 이 문장에서 '正名'은 『논어』「자로」[3]에서 가져왔고, '非常名'은 『노자』1장에서 가져왔다. 두 용어를 하나의 문장으로 만들고 나서, 그 의미를 "제도로서 언어 질서는 영원하지 않다."라는 정도로 규정할 것이다.

이러한 의미로 해석하는 것은 필자가 공자와 노자를 생각하는 하나의 입장 때문이다. 그것은 공자와 노자는 '제도로서 언어[名]' 혹은 언어 질서로 구축되는 제도와 가치와 규범, 이 제도와 가치, 규범이 형성하는 사회구조에 대한 성찰을 보여준 철학자로 보기 때문이다.

'명(名)'에 대한 동양 전통적 사유는 사물의 이름만을 의미하지 않는다. 명은 규범과 가치, 제도로서 언어이다. 권위를 상징하는 청동거울과 같은 기물과 함께 명(名)은 군주가 관장하는 것이다.

---

3. 『論語』, 「子路」, "子路曰衛君, 待子而爲政, 子將奚先. 子曰 必也正名乎."

기물과 명은 군주의 권위를 상징하는 것이자 군주가 행하는 정치의 핵심[4]이었다. 또한 군주가 관장하는 명은 예법으로 구현되어 백성에게 작동되었다.[5] 그러기 때문에 '명'은 단순한 '관직이나 사물의 이름[物名]'의 의미가 아니다. 그것은 한 사회의 구조를 떠받치는 규범이자 제도이자 법이었다.

명에 대한 이러한 사유는 동양철학에서 하나의 학문적 주제가 되었고, 나름의 역사적 흐름도 구축하였다. 공자의 정명론과 노자의 무명론은 진시황에 의해 형명으로 그 명칭이 바뀌고,[6] 위진 시기에는 하나의 학문적 주제인 형명론(刑名論)으로 전개되었다. 정명론이든 무명론이든 형명론이든, 명에 대한 사유는 명실론(名實論)이자, 형율(刑律)에 관한 논의[7]였다. 따라서 동양철학에서 명에 대한 사유는 사회 질서와 구조로서 규범과 법, 제도에 관한 논의였다. 따라서 "正名非常名"에 대해 "제도로서 언어 질서는 영원

---

4. 『左傳』, 「成公」 2年, "唯器與名, 不可以假人, 君之所司也. 名以出信, 信以 守器, 器以藏禮, 禮以行義, 義以生利, 利以平民, 政之大節也."

5. 『左傳』, 「桓公」 2年, "夫名以制義, 義以出禮, 禮以體政, 政以正民, 是以政 成而民聽."

6. 가령 진시황이 천하를 통일하고 전국을 순수하면서 방문한 지역에 돌 비석을 세우는데, 회계산에 돌 비석에는 "진나라 성인(진시황)이 나라에 임하자 비로소 형명이 정해졌다(秦聖臨國, 始定刑名)"라고 새기고 있다.

7. 서대원, 「王弼刑名學與解經論的研究」, 북경대학교 박사학위 논문, 2000년, 12쪽 참조.

하지 않다"라는 번역은 정당성을 획득할 수 있다.

"正名非常名"에 관해서 좀 더 말해 보자. 공자의 '정명'과 노자의 '비상명'을 하나의 문장으로 만든 것은 상반되는 철학적 입장을 가진 두 학자가 언어철학의 관점에서 동일한 전제를 사용하고 있으면서도 전혀 다른 결론을 내린 것으로 판단하기 때문이다. 공자는 서주(西周) 시기의 예법을 회복하려는 논리로 정명론을 제시했다. 이에 반해 노자는 소국과민이라는 공동체를 주장하면서 문자가 없는 사회, 무명(無名)의 사회를 지향한다. 다시 말해 이들은 언어 질서가 사회제도이고, 이 제도를 기초로 사회는 구조화된다는 동일한 전제를 사용한다. 하지만 공자는 서주 시기의 제도와 사회구조를 추구하고, 노자는 소국과민이라는 전혀 다른 사회구조를 지향한다는 점이다.

우선 필자의 관점이 성립하려면 다음과 같은 질문을 던져야 한다. '공자와 노자는 名이 사회제도이자 사회구조라는 점을 전제로 사용했는가?'이다. 필자의 대답은 '그렇다'이다.

먼저 공자의 '정명(正名)'을 다루어 보자. 공자는 춘추시대 당시의 혼란이 일어난 원인을 '명부정(名不正)'으로 보았고, 이를 극복하기 위해 정명을 제시했다. 공자는 이름이 바르지 않으면, 예악과 형벌이 적절하게 시행되지 못하며, 이는 백성들의 삶을 보장하지 못하게 되는 상황에 이른다고 본다. 그래서 정치에서 급선무는 이름을 바로 잡는 것으로 제시했다.[8] 학자들은 공자의 정명론이 정치 원리로 제시된 것이고,[9] 정명을 통해『주례』를 회복하고자 하였다.[10]

정명이 정치 원리로 제시된 내용은 제(齊)나라 경공(景公)과 공자와의 대화에서 찾을 수 있다. 제나라 경공이 공자에게 정치 방법을 묻자, 그에 대한 공자의 대답은 "임금은 임금다워야 하고, 신하는 신하다워야 하며, 아버지는 아버지다워야 하고, 자식은 자식다워야 한다."[11]라고 대답한 것이다. 이는 사회적 관계에 대한 규정이다. "임금은 임금다워야 한다."라는 문장에서 전자의 "임금"은 위명(位名)에 해당하고, 후자의 "임금다워야 함"은 그 위명에 해당하는 직분(職分)이다. 공자는 정치 방법으로서 위명과 직분의 일치를 주장한 것이다. 위명과 직분의 규정을 확립하는 것이 정명론의 핵심이다. 여기서 위명은 존비와 귀천을 구분하는 계급 혹은 사회적 지위이고, 직분은 그 지위에 맞는 역할이다.

---

8. 『論語』,「子路」, "子路曰, 衛君待子而爲政, 子將奚先. 子曰, 必也正名乎! (…) 名不正則言不順, 言不順則事不成, 事不成則禮樂不興, 禮樂不興則形罰不中, 刑罰不中則民無所措手足."

9. 이권,「공자(孔子)의 정명(正名)에 대한 연구」(『철학논집』제19집, 서강대학교 철학연구소, 2009), 221쪽.

10. 최진석, 『저것을 버리고 이것을』(고양: 소나무, 2014), 13쪽.

11. 『論語』,「顏淵」, "君君臣臣父父子子."

계급 혹은 사회적 지위에 그에 따른 역할에 대한 규정이 바로 정명론이고, 이 정명론이 예법의 근거이다. 정명과 예법의 관계에 대해 조선시대 이익(李瀷, 1681~1763)은 "예법을 기준으로 이름을 정함[率禮定名]"이라는 글에서 "법이란 예에 근본하고, 예를 기준으로 법이 제정된다. 이를 어기면 형벌이 있게 되니, 이를 법이라고 한다. 예법에 근본하지 않는 것은 허위가 되니, 예를 제정하는 것은 정명을 핵심으로 한다."[12]라고 말하고 있다. 이익의 말은 정명이 예와 법의 핵심이고, 정명으로부터 예와 법이 도출된다는 말이다. 그렇다면 공자가 말한 정명론은 단순한 사회적 관계를 규정하는 명칭이거나 사물의 명칭에 관한 논의가 아니게 된다. 다시 말해 정명론은 한 사회의 규범에 관한 논의이자, 제도에 관한 논의이며, 법에 관한 논의인 것이다.

공자가 정명론을 정치 원리로 제시한 것은 바로 이러한 이유 때문이다. 이러한 관점에서 공자의 정명론은 서주시기 예법인 『주례』의 회복을 주장하는 논리이기도 하다. 공자가 정명을 통해 구축하고자 했던 사회의 구조는 서주(西周) 시기이다. 서주시기는 『주례』에서 규정한 예법이 가장 완벽하게 시행되던 시기이다. 예는 신분적인 상하질서, 즉 계급사회에서 요구되는 모든 행위에 대한 규범

---

12. 『星湖先生僿說』卷之十, 人事門;〈率禮定名〉, "法者本乎禮, 率禮而定制, 違則有刑, 是謂之法. 不本其禮法為虛, 設禮者正名為主也."

이고, 예의 규범을 통해 주나라의 봉건종법제는 성립되어 유지되었다.[13]

공자가 정명을 정치 원리로 제시하면서, 예법을 회복하려 한 것은 『주례』가 완벽하게 작동하던 서주 시기의 봉건종법 질서의 사회를 회복하려는 정치 철학적 담론이다. 또한 공자의 정명론은 단순히 위명과 그 위명에 해당하는 직분의 일치만을 겨냥하지 않았다. 이를 넘어서 예법이라는 제도와 규범을 겨냥한 것이다. 따라서 공자의 정명론은 물명(物名)으로서 이름을 넘어선 언어 질서 즉, 사회구조와 제도와 규범에 대한 철학적 성찰인 것이다.

노자는 어떨까? 흔히 노자는 '비상명(非常名)', 혹은 '무명(無名)'을 주장한다고 말한다. '비상명'과 '무명'은 모두 명(名)에 대한 담론이다. 그러나 두 용어를 둘러싼 담론은 차원이 다르다. 앞에서도 '비상명'을 "영원한 언어 질서가 아니다"라고 번역했듯이, '비상명'은 언어 질서가 갖는 어떤 성질을 비판하거나 부정하는 것으로 이해된다. 이에 비해 '무명'은 언어 질서를 넘어서는 주장처럼 보이기도 하고, 언어 질서가 갖는 어떤 성질을 제거한 언어가 성립할 수 있는지에 대한 성찰처럼 보이기도 한다.

이에 대해 좀 더 말해보자. '비상명'은 『노자』 1장에서 1회 등장한다. 말해질 수 있는 도들이 영원한 도가 아님을 천명하는 구절에서

---

13. 최진석, 『저것을 버리고 이것을』(고양: 소나무, 2014), 17쪽.

비상명은 제시된다. '비상명'은 문자적으로 1회밖에 등장하지 않지만, 『노자』 81개 장 모두 '비상명'을 부연한 내용이다. 2장의 아름다움과 추함, 선함과 선하지 않음에 대한 논의로부터 81장의 믿음직한 말과 아름다운 말에 대한 언설에 이르기까지 모두 '비상명'을 부연하고 있다. 『노자』 81개 장에서 '비상명'이 부연되는 방식은 크게는 세 가지로 정리할 수 있다. 첫째, 어떤 개념이든지 개념들은 절대적이지 않으며 상대적임을 밝히든가,[14] 둘째, 기존의 정의를 깨뜨리기도 하고, 전혀 다른 방식으로 말하기도 하며,[15] 셋째, 언어

---

14. 『노자』에서 이에 해당하는 장절은 매우 많지만, 몇 가지 사례만 아래와 같이 적어 둔다.

   2장, "天下皆知美之爲美, 斯惡已; 皆知善之爲善, 斯不善已. 故有無相生, 難易相成, 長短相較, 高下相傾, 音聲相和, 前後相隨."

   18장, "大道廢, 有仁義; 慧智出, 有大僞. 六親不和, 有孝慈; 國家昏亂, 有忠臣."

   20장, "唯之與阿, 相去幾何? 善之與惡, 相去若何?"

   22장, "曲則全, 枉則直, 窪則盈, 幣則新, 少則得, 多則惑."

   26장, "重爲輕根, 靜爲躁君."

   81장, "信言不美, 美言不信; 善者不辯, 辯者不善; 知者不博, 博者不知."

15. 『노자』에서 이에 해당하는 장절은 매우 많지만, 몇 가지 사례만 아래와 같이 적어 둔다.

   5장, "天地不仁, 以萬物爲芻狗; 聖人不仁, 以百姓爲芻狗."

   19장, "絶聖棄智, 民利百倍; 絶仁棄義, 民復孝慈; 絶巧棄利, 盜賊無有."

   25장, "人法地, 地法天, 天法道, 道法自然."

   37장, "道常無爲而無不爲."

질서로 구축된 기존의 규범과 가치를 부정하는 방식으로 나타난다.[16]

미오美惡, 선불선善不善, 지혜知慧와 대위大僞, 예라고 대답하는 것과 네라고 대답하는 것[唯之與阿], 굽은 것과 온전한 것[曲則全], 무거운 것과 가벼운 것[重爲輕根]과 같은 가치어들은 절대적 기준에 의해 형성된 것이 아니라 상대적일 때만 성립하는 개념들이다. 『노자』에서는 이를 단적으로 서로 생성하거나[相生], 서로 이루어 주거나[相成], 서로 비교되거나[相較], 서로 뒤집힐 수 있는[相傾] 것들이라고 말한다.[17] 또한 천과 성인, 도와 덕에 대한 정의에서 노자는 기존의 정의를 깨뜨리거나 전혀 다르게 진술한다. 신앙의 대상이자 주나라의 천하관을 형성하고, 예법의 근거인 천은 도에게 지고의 지위를 넘겨준 존재[18]로 등장한다. 예법의 제

38장, "上德不德, 是以有德; 下德不失德, 是以無德."

16. 『노자』에서 이에 해당하는 장절은 매우 많지만, 몇 가지 사례만 아래와 같이 적어 둔다.

　38장, "上禮爲之而莫之應, 則攘臂而扔之. 故失道而後德, 失德而後仁, 失仁而後義, 失義而後禮. 夫禮者, 忠信之薄而亂之首."

　48장, "爲學日益, 爲道日損. 損之又損, 以至於無爲, 無爲而無不爲."

　49장, "聖人無常心, 以百姓心爲心. 善者, 吾善之; 不善者, 吾亦善之."

17. 『노자』 2장, "故有無相生, 難易相成, 長短相較, 高下相傾, 音聲相和, 前後相隨."

18. 『노자』 25장, "人法地, 地法天, 天法道, 道法自然."

정자이자 도를 체현해 현실정치에서 이 도를 구현하는 존재인 성인 역시, 없애야 할 대상이며, 성인의 말씀인 인의라는 규범도 버려야 할 대상[19]으로 등장한다. 그러면서 도는 이름이 없는 것[20]이자 비웃음을 당하는 것[21]으로 말한다.

이러한 비상명의 논의는 기존의 규범과 가치를 부정하는 것으로 귀결된다. 이러한 부정은 예에 대한 비판적 서술에서 극명하게 드러난다. '예는 혼란을 일으키는 우두머리'[22]라는 언급에서 '비상명'의 의도를 분명히 읽어낼 수 있다.

결국 『노자』는 절대적이라고 정의되거나 규정되어 온 명(名)들과 그 명의 체계로 이루어진 규범과 가치를 '비상명'이라는 논리로 부정하는 것이다. 다시 말해 '비상명'은 노자 당시의 주나라 문화와 사상을 탄생시킨 언어 질서를 비판하고, 그 언어 질서로 구축된 규범과 가치 체계를 부정하는 것으로 이해된다.

노자가 '비상명'을 통해 주나라의 언어 질서를 비판했다면, 이는 주나라의 문화를 담지하겠다고[23] 선언한 공자의 '정명'을 비판한

---

19. 『노자』19장, "絶聖棄智, 民利百倍; 絶仁棄義, 民復孝慈."
20. 『노자』32장, "道常無名." 41장, "道隱無名."
21. 『노자』41장, "下士聞道, 大笑之, 不笑不足以爲道."
22. 『노자』38장, "上禮爲之而莫之應, 則攘臂而扔之. 故失道而後德, 失德而後仁, 失仁而後義, 失義而後禮. 夫禮者, 忠信之薄而亂之首."
23. 『論語』, 「八佾」, "子曰 周監於二代, 郁郁乎文哉. 吾從周."

것이 된다. 고대 중국에서 명에 대한 담론은 그 성격이 예법에 관한 담론이었고, 공자는 이를 회복하겠다고 주장했기 때문이다. 물론 노자는 생몰연대와 실존이 의심스러운 상태이다. 하지만 노자와 공자가 동시대 인물이라는 일반적인 논리를 따르면, 노자의 '비상명'은 공자의 정명론에 대한 비판으로 이해할 수 있다.

이상의 논의에서 '공자와 노자는 언어 질서(혹은 문자;문법)가 사회제도이자 사회구조라는 점을 전제로 사용했는가?'라는 필자의 전제를 검토해 보았다. 그 결과 공자의 정명과 노자의 비상명이 단순한 물명(物名)에 대한 담론처럼 보이지만, 사회적 구조에 대한 담론이라는 점이 해명되었다.

정리하자면, 공자와 노자가 정명과 비상명을 주장한 것은 "언어 질서가 사회제도이자 사회구조"라는 명제를 동일하게 전제하고 있다는 점이다. 하지만 이들은 동일한 전제를 사용함에도 전혀 다른 결론을 도출해 낸다는 점이다. 공자의 정명론은 서주 시기의 사회질서이자 구조인 예법을 회복하자는 결론을 도출했다면, 노자는 서주 초기의 사회질서로는 이 혼란을 극복하지 못한다고 주장하는 것으로 보인다.

3. 언어 질서와 사회구조

이제 언어가 사회구조와 제도를 반영하는가? 라는 명제의 성립 가능성을 검토해야 한다. 이 명제가 참이어야만 위에서 행한 논의들이 성립한다. 이 명제는 소쉬르(Ferdinand de Saussure, 1857~1913)에 의해 밝혀진 내용이다. 소쉬르는 "언어가 일종의 사회제도이므로"[24] "언어를 탐구하는 것은 사회적 규약의 체계를 탐구하는 것"[25]이라고 보았다. 소쉬르의 이 말은 언어가 사회를 구성하는 제도이자 규약이므로, 언어를 탐구하는 것은 사회구조와 그 구조를 유지하는 제도에 대한 탐구라는 것이다.

이러한 논리는 자크 라캉(Jacques Marie Émile Lacan, 1901~1981)에 와서 더욱 분명해진다. 라캉은 소쉬르의 언어학을 정신분석학에 적용해 낸다. 라캉은 정신분석학의 용어인 슈퍼에고(superego)를 언어의 상징 단계 안에 위치한 것이자, 법과 밀접한

---

24. 소쉬르, 『일반언어학강의』(서울: 민음사, 2006), 126쪽.
25. 조너선 칼러, 『소쉬르』(서울: 시공사, 2004), 81쪽 참조.

관계를 맺는 것으로 보았다. 그는 랑그를 슈퍼에고로 이해하면서, 한 사회의 제도와 법으로서 금지라고 주장한다. 그는 슈퍼에고를 상징계(the symbolic)로서 아버지의 언어 즉 사회적 상징적 법을 의미한다[26]고 말한다.

언어가 갖는 상징성은 다양하게 논의되었다. 소쉬르의 말로는 법, 라캉의 말로는 상징계(the symbolic)이다. 문자 체계이든 문법 체계이든 언어의 상징성은 기호화되고 체계화된 언어를 말한다. 이는 가부장적인 상징계, 즉 아버지로서의 법을 말한다. 이 기호화된 체계로서의 언어가 한 공동체의 제도와 가치, 규범을 구성하고 유지하는 핵심이다. 기호화된 체계로서 언어가 질서를 구축하고, 이 질서는 한 사회의 구조가 된다. 이를 상징계로서 언어 질서라고 할 수 있다.

정리하자면, 일군의 구조주의 학자들에 의해 '언어 질서가 사회 구조'라는 명제가 확립되었다. 공자의 정명(正名)과 노자의 비상명(非常名)은 이 명제를 숨은 전제로 사용하고 있음을 알 수 있다. 따라서 '언어 질서가 사회구조'라는 명제는 정명 및 비상명에도 적용될 수 있다.

---

26. 숀 호머, 『라캉읽기』(서울: 은행나무, 2009), 108쪽.

필자는 소쉬르의 언어학 관점에서 노자의 도 담론을 다룬 적[27]이 있다. 그 글에서 노자의 항상한 도[常道]를 소쉬르의 랑그(langue)로, 말할 수 있는 도[道可道]를 빠롤(parole)로 이해한 연구[28]를 비판하면서, 노자와 소쉬르의 접점은 기표와 기의의 자의성(arbitraire)이 될 것이라고 해명하였다.

기존 연구의 비판은 크게 두 가지 이유 때문이었다. 첫째는 랑그는 소쉬르에 의해 차이의 체계(differential system)임이 드러났다.[29] 둘째는 이 랑그는 라캉에게서는 상징계로서 법이며, 금기이자 금지[30]이기 때문이었다. 만약 노자의 상도를 랑그로 해석하게 되면 노자의 도는 차이의 체계가 될 것이며, 한 사회의 법으로서 금기이거나 금지가 될 것이다. 게다가 '말할 수 있는 도[道可道]'를 빠롤로 보면, 말할 수 있는 도는 차별적 구조인 '항상한 도[常道]'를 화자(話者)가 수행한 것이 된다. 즉, '말할 수 있는 도들'은 차별적 규약인 '항상한 도'를 화자가 실천한 것에 지나지 않게 된다. 이를 라캉식으로 말하면, 우리가 말하는 것이 아니라 언어가 우리를 통하여 말하는 것이므로, 우리는 큰 타자(big Other)인 상징계(the

---

27. 필자의 논문은 이봉호, 「노자의 도와 소쉬르의 언어학; 잘못된 만남」(『철학연구』 제115집, 2016)이다.
28. 이경재, 『非'의 시학』(서울: 다산글방, 2000), 51쪽 참조.
29. 소쉬르, 『일반언어학강의』(서울: 민음사, 2006), , 151쪽.
30. 숀 호머, 『라캉읽기』(서울: 은행나무, 2009), 109쪽 참조.

Symbolic)를 벗어날 수 없다.[31]

이는 노자의 본의와 모순을 일으키게 된다. 적어도 노자는 당시의 사회적 제도와 규약인 도와 덕, 명에 대해 비판적 입장을 취하고 있기 때문이고, 노자가 말하는 도와 덕, 명은 도대체 그 의미가 무엇인지 불분명하기 때문이다.

이에 반해, "제도와 규범으로서 예, 예에 기초한 법과 규약을 따라야 한다."라는 논리를 내용으로 하는 공자의 정명론(正名論)은 랑그 개념에 적용될 수 있겠다. 왜냐하면, 공자가 말한 정명론은 예법을 통해 '온갖 일들의 질서를 바로잡는[32] 한 사회의 제도이자 규약[33]이기 때문이다. 정명(正名)을 기초로 제도와 규범이 정해지고, 이는 예에 따라 법규와 규칙을 정하는 것[率禮定名]이기 때문이다.

이제 노자가 말하는 도와 덕, 명에 대해 하나의 이해를 얻을 수 있다. 노자는 도와 덕, 명을 언어 질서에 포함시키지 않았다. 그래

---

31. 숀 호머, 같은 책, 85쪽 참조.
32. 『論語』,「子路」, "子路曰 : 衛君待子而爲政, 子將奚先? 子曰:必也, 正名乎?"에 대해, 마융(馬融)은 온갖 일들의 이름을 바로 잡는 것(馬融曰:正百事之名)이라고 한다.
33. 『國語 · 周語上』, "有不貢則修名, 有不王則修德."에 대해 위소(韋昭)는 명이란 존귀함과 비천함, 직위의 명호를 말한다.(韋昭注 : 名, 謂尊卑職貢之名號也)라고 풀이한다.

서 도는 언어 질서에서는 알 수 없는 것으로, 억지로 '크다'라고 말한다.[34] 물론 덕도 덕이 아니다. 언어 질서로서 덕은 덕이 아니기 때문이다.[35] 노자가 말하는 명이라는 것도 언어 질서에서는 참된 것이 아니다.[36] 노자가 말하는 도와 덕, 명은 언어 질서에서 찾아지는 것이 아니다. 기존의 언어 질서를 버릴 때, 참된 도에 도달한다[37]고 말한다. '도에 종사하는 사람과 도'가 도의 세계에서, '덕에 종사하는 사람과 덕'이 덕의 세계에서 하나가 되는 것이다. '기존의 언어 질서를 버리는데 종사한 사람과 언어 질서가 없음'이 언어 질서가 없음의 세계에서 하나가 되는 것이다.[38]

이러한 노자의 도와 덕, 명에 대한 담론은, 이들 기호가 기존의 언어 질서에 포함되지 않음을 보여준다. 기존의 언어 질서가 아닌 세계 혹은 사회는 가능할까? 가능하다면 그 사회는 무엇일까?

노자의 말에 따르면, 이 세계는 '무명(無名)'의 세계, 다시 말해 천지의 처음이다.[39] 이 세계는 언어 질서를 가지지 않은 세계이기

---

34. 『노자』 25장, "吾不知其名, 字之曰道, 强爲之名曰大."
35. 『노자』 38장, "上德不德, 是以有德; 下德不失德, 是以無德."
36. 『노자』 1장, "道可道, 非常道; 名可名, 非常名."
37. 『노자』 48장, "爲學日益, 爲道日損."
38. 『노자』 23장, "故從事於道者, 道者同於道, 德者同於德, 失者同於失. 同於道者, 道亦樂得之; 同於德者, 德亦樂得之; 同於失者, 失亦樂得之."
39. 『노자』 1장, "無名天地之始, 有名萬物之母."

에 제도와 법, 가치와 규범의 지배가 없는 세계이자, '결승이용지
結繩而用之'하는 세계이다. 이 세계는 계급적 지배가 없는 세계이
다(노자에는 왕도 그 존재가 의심스럽지만, 신하가 등장하지 않는
다). 성인인 왕과 그 왕의 명령이 법도가 되고, 예가 되고 규범이
되는 것이 아니다. 이 세계는 공동체 구성원들의 말이 동등한 세계
이다. 백성들의 말이 새로운 질서와 제도가 되는 사회이다. 그래
서 백성의 말들이 합의를 이루고, 이 합의가 공적 의지(Voluntary
general)가 되어, 새로운 제도와 규범을 창조하는 세계이다. 노자
는 이를 백성들의 자발성에서 이룩된 사회[40]라고 말하고, 도는 백
성들의 자발성에서 도출된 제도와 규범을 법으로 삼는다고 한다.
[41] 언어 질서로서 도가 아니라, 도는 백성들의 자발성으로 창조되
는 것이다. 노자의 도는 텅 빈 상태일 때만이 쓰일 수 있기에[42] 스
스로 언어 질서인 적이 없다.

　노자가 상상한 이러한 세계가 가능하려면, 지시 명령하는 존
재인 성인−왕은 존재하지 않거나 존재하더라도 갓난아기이거
나 바보(20장)여야 한다. 성인−왕에 대한 노자의 언설은 우두머
리, 혹은 군주라는 뜻인 아르케arche에서 그것에 대한 부정인 an−

---

40. 『노자』 17장, "功成事遂, 百姓皆謂我自然."
41. 『노자』 25장, "人法地, 地法天, 天法道, 道法自然."
42. 『노자』 4장, "道沖而用之或不盈."

arche[anarchy]가 되어야 한다. 그래서 노자는 성인-왕을 까꿍하고 얼러도 웃을 줄 모르는 갓난아이[43]로, 고달프고 어디로 가야할 줄 모르는 어리석은 이[44]로 제시했다. 또한 기존의 성인과 성인의 말들, 그것을 교육하던 것들도 제거되어야 한다[45]라고 말한다. 그래야만 백성들이 자신의 말을 하기 때문이다. 노자의 이러한 구상은 『장자』에서 "천하에 존재하는 성인의 법을 완전히 제거하자 비로소 백성들이 말하기 시작한다."[46]라는 명제로 구체화된다.

랑그로서 언어 질서는 한 사회의 제도이자 규범이다. 노자식으로 이해하면, 이 랑그는 성인-왕에 의해 제정된 제도이자 규범이

---

43. 『노자』 20장, "我獨泊兮其未兆, 如嬰兒之未孩."

'까꿍하고 얼러도 웃을 줄 모르는 갓난아이'와 관련해 롤랑 바르트의 말은 참조할 만하다. 그는 "신경-심리학은 시선이 어떻게 태어나는가를 잘 밝혀주고 있다. 갓난아이는 생후 며칠간은, 은은한 빛을 향한 눈의 반응이 있다. 1주일 후, 신생아는 보려고 애쓰고, 매우 막연하고 머뭇거리는 방식으로나마 자신의 눈에 일정한 방향을 부여하게 된다. 2주일 후, 아기는 근접한 대상에 눈을 고정시킬 수 있게 된다. 6주째, 시야는 견고해지고 선별적이 된다. 시선이 형성되는 것이다. 이 6주간이 인간의 영혼이 탄생되는 기간이라고 말할 수는 없는 것일까?"(롤랑 바르트(김인식 옮김), 『이미지와 글쓰기』(서울: 세계사, 1993), 112쪽 참조.)라고 말한다. 그렇다면, '까꿍하고 얼러도 웃을 줄 모르는 갓난아이'는 생후 6주 이전의 아이에 해당한다고 이해할 수 있다.

44. 『노자』 20장, "儽儽兮若無所歸. (…)我愚人之心也哉!"

45. 『노자』 19장, "絶聖棄智, 民利百倍; 絶仁棄義, 民復孝慈; 絶巧棄利, 盜賊無有." 『노자』 20장, "絶學無憂."

46. 『莊子』, 「胠篋」, "殫殘天下之聖法, 而民始可與論議."

다. 그리고 이를 벗어나는 길은 없다. 랑그가 상징계인 이상 우리가 말하는 것이 아니라 언어가 우리를 통해서 말하는 것이고, 우리의 무의식은 상징계 언어(Big other)[47]이고, 우리가 주체나 자아라고 하는 것도 내가 아니(I is not me)기에 타자(I is an other)이다.[48]

랑그로서 언어, 상징계로서 언어를 그대로 따르는 것이 공자의 정명론이다. 공자의 정명론은 군=군, 신=신, 부=부, 자=자라는 위명(位名)과 직분(職分)의 일치인 명실론[기표와 기의의 일치]에서 구체화되듯이, 기표와 기의가 일치한다. 물론 기표와 기의를 일치시키는 원리인 정명론에서부터 사회적 규범인 예법이 탄생한다. 이제 사회제도가 된 예법은 거꾸로 위명과 직분에 대한 정명을 확립하는 근본이 된다. 정명론과 예법에 따라 군(君)이라는 기표와 군(君)이라는 기의는 필연적이며 본질적으로 결합된다고 말하는 것이다.

---

47. 숀 호머, 『라캉읽기』, 85쪽.
48. 숀 호머, 같은 책, 87쪽.
   'I is'라는 표현은 이상하다. 1인칭 존재동사는 'am'인데, 'I is'라고 표현하고 있다. 라캉은 분명한 이유를 밝히지 않았지만, 다음과 같이 추론해 볼 수 있다. 라캉은 '나'라는 것이 언어 속에서 어떠한 안정적인 것도 가리키지 않으며, 주체, 자아, 무의식과 같이 다수의 서로 다른 현상들로 나타난다고 본다. 주체라는 것도 상징계에서 주조된 것이며 언어에 의해 결정된 것으로 본다. 그에게 I는 타자이기에 'I is'라는 표현이 가능했을 것으로 추측해 볼 수 있다.

소쉬르의 관점에서 보자면, 공자는 예법이라는 랑그의 발화자이다. 푸코의 관점에서 보자면, 공자는 예법 담론의 포로인 셈이다.[49] 라캉의 관점에서 보자면, 공자는 예법 담론 회로(circuit of discourse)[50]에 갇혀 있는 셈이다.

노자는 공자가 말하는 정명이 바로 랑그이자 상징계라고 보았다. 그는 공자의 정명론을 비판하는 '비상명'에서 언어가 평등한 '무명'으로 이행되는 담론을 통해 랑그가 아닌 언어를 상상해 낸다. 그 과정에서 노자는 도≠도, 덕≠덕, 명≠명, 군≠군 등으로 기표와 기의의 결합을 깨뜨린다. 노자는 기표와 기의의 결합은 본질적이지 않으며, 항구적이지도 않고, 필연적이지도 않으며, 그 결합은 임의적이며 우연적이며 관계적이며 자의적임[51]을 드러낸다. 기표와 기의가 자의적으로 결합하기에 도는 무명(無名)에 숨

---

49. 푸코는 우리는 모두 그 시대의 담론의 포로라고 선언한다. 그는 꼴레쥬 드 프랑스 취임 강연의 원고인 『담론의 질서 L'ordre du disdours』에서 "나는 오늘 내가 행해야 할 담론 안으로 그리고 이제부터 여기에서 내가 다루어야 할 담론들 안으로 슬며시 미끄러져 들어갈 수 있기를 바랐던 것 같다. 말을 하기보다는 나는 그것에 의해 둘러싸이기를 그리고 모든 가능한 시작을 뛰어넘게 되기를 바랐던 것이다. 나는 내가 말하는 순간에 이름 없는 목소리가 오래 전부터 나를 앞지르고 있기를 바랐던 것이다. (⋯) 나는 나의 뒤에서 다음과 같이 말하는 어떤 목소리가 존재하기를 바랐다." 라는 말로 시작한다.
50. 숀 호머, 『라캉읽기』, 86쪽.
51. 소쉬르, 『일반언어학강의』, 94쪽 참조.

어서 결국 기의는 없어지고 도라는 텅 빈 기호만 남아서 비웃음을
당하는 것이다. 기표와 기의가 필연적인 결합이 아니기에, 덕은 덕
이 아니어서[52] 덕이라는 텅 빈 기호만 남아서,[53] 어떠한 가치도
가지지 않는 갓난아이가 가장 잘 덕을 체현한 존재[54]라고 말한다.
그래서 노자는 "정명은 영원하지 않[名可名, 非常名]"고, 정명에
기초해 형성된 제도와 규범인 "도는 영원하지 않다[道可道, 非常
道]"고 말한 것이다.

---

52. 『노자』 38장, "上德不德, 是以有德."
53. 『노자』 21장, "孔德之容."
54. 『노자』 55장, "含德之厚, 比於赤子."

4. 텅 빈 도와 텅 빈 덕

노자의 도 담론과 소쉬르의 언어학이 제대로 만날 수 있는 지점
은 소쉬르가 말한 기호의 자의성(arbitraire)이다. 소쉬르가 해명
한 기호의 자의성은 철학적 흐름을 바꾼 명제이다. 철학의 관점
에서 보자면, 소쉬르의 언어학에서 핵심은 랑그와 빠롤, 공시성
(linguistique synchronique)과 통시성(linguistique diachronique)이
아니다. 그 핵심은 바로 기호의 자의성이다.

소쉬르가 기호의 자의성을 선언하자마자 서양의 전통철학이 그
근거에서부터 흔들리며 전혀 다른 방식의 사유를 전개하게 만들
었다. 이러한 전환은 구조주의(Structuralism)를 형성하였고, 구조
주의의 흐름은 다양한 학문 영역에서 다양한 방법론으로 전개되
었다.[55]

---

55. 구조주의의 흐름에 속하는 학자들은 다양하지만, 대표적인 학자들만 거론
    하면, 언어학에서 야콥슨, 문학에서 롤랑 바르트, 인류학에서 레비-스트로
    스, 철학에서 미셸 푸코, 알튀세르, 정신분석학에서 자크 라캉 등을 들 수 있
    다. 라캉의 사유를 마르크스와 결합한 철학자 지젝은 현재 철학적 담론을 이

철학에서 기호의 자의성이 갖는 의미를 말해보자. 우리는 철학사의 흐름에서 플라톤의 이데아(Idea)가 아리스토텔레스에게서 실체(substance)로, 데카르트에게서는 본유관념(innate idea)으로 이어져 온 것을 안다. 이데아든, 실체이든, 본유관념이든 이들은 모두 기호이고, 이 기호를 구성하는 기표와 기의의 결합은 필연적이고 본질적이며 항구적인 것으로 이해되었다.

하지만 소쉬르는 기호를 구성하는 기표와 기의의 결합은 임의적이고 우연적이며 변화하는 것이라고 주장한다. 그리고 그는 이를 기호의 자의성이라고 말한다. 기호는 기의(signifie)와 기표(signifiant)의 결합물[56]이다. 이는 기표와 기의의 결합이 자의적이라는 점이다.

기표와 기의의 결합이 자의적이라는 소쉬르의 주장은 여러 각도에서 주장된다. 시간의 흐름에 따라 기표도 변하고 기의도 변한다는 점에서, 가치적인 측면에서 기의와 기표가 변한다는 점에서, 기호라는 측면에서 한 기호가 의미를 갖는 것은 본질에서가 아니라 다른 기호와의 관계에서 의미를 갖는다는 점에서, 언어의 구성원리가 지닌 기능에서 그 유연성에 따라 임의적으로 변한다는 점에서, 유추와 상대적 자의성이라는 관점에서 기표와 기의의 결합은

끌고 있는 철학자이기도 하다.

56. 소쉬르, 『일반언어학강의』, 94쪽 참조.

자의적이라고 한다. 언어 체계 전체는 기호의 자의성이라는 비합리적 원칙에 의거하는 것[57]이기에 기표와 기의의 관계는 뿌리 자체에서부터 자의적이다. 결국 소쉬르는 "언어는 형태이지 실체가 아니다."[58]라고 주장한다.

소쉬르의 이 말은 그 동안 우리가 언어로서 기호를 기표와 기의가 필연적이고 본질적이며, 영원한 결합을 가진 것들로 오해하게 만든 형이상학의 논리들에 사망선고를 내린 것이다. 그의 사망선고는 다음과 같다.

절대적인 또는 신과 같은 것들의 질서를 얻는 것은 불가능하다. 그러니 하나의 관점을 선택해야 한다. 내가 볼 때 사물들의 의미는 그 본질에 의해 규정되는 것이 아니라 오히려 사물들 사이의 관계에 의해 규정된다.[59]

위의 내용은 실체라든지, 이데아라든지, 본유관념이라든지 하는 개념들이 실은 실체가 없다는 선언이다. '사물들의 의미는 본질이 아니라 관계에 의해 규정되기' 때문이다.

---

57. 소쉬르, 같은 책, 183쪽.
58. 소쉬르, 같은 책, 169쪽.
59. 조너선 칼러, 같은 책, 162쪽.

소쉬르의 기표와 기의 관계를 노자의 담론에 적용하면, 고대의 소쉬르, 즉 노자를 만나게 된다. 노자는 도라는 기호, 덕이라는 기호에서 기표와 기의의 결합이 본질적이지 않다고 말한다. 앞에서도 언급하였듯이, 노자는 도≠도, 덕≠덕, 명≠명, 군≠군 등으로 기표와 기의의 결합을 깨뜨렸다.

노자는 도란 기호의 체계에 속하지 않는 것[60]이지만 억지로 기호화한 것[61]에 지나지 않는다고 보았다. 물론 도는 사람들에게 비웃음의 대상이 되어야 하는 것[62]이다. 기호로서 도라는 기표를 억지로 제시하였지만, 그 기의는 도대체 알 수 없다. 덕도 마찬가지이다. 노자가 말하는 덕은 덕이 아니다. 그래서 덕이 있다.[63] 아마 그 덕은 도와 마찬가지로 그 기의를 도대체 알 수 없다.

노자의 관점에서 도라는 기호는 기표와 기의가 결합되어 만들어진 것이 아니다. 억지로 만들어진 기호[字之, 强爲之名]이다. 노자에게서는 도라는 기호 대신에 '활'이라는 기호를 사용해도 상관없다. 노자에게서 도라는 기호의 기의는 사람들에게 비웃음을 살 만한 것이다. 비웃음을 사는 기의를 도라는 기표와 결합시켰으니 비웃음을 당한 것이다. 덕도 마찬가지이다. 덕이라는 기호의 기표

---

60. 『노자』32장, "道常無名."
61. 『노자』25장, "字之曰道."
62. 『노자』41장, "下士聞道, 大笑之, 不笑不足以爲道."
63. 『노자』38장, "上德不德, 是以有德."

에 덕이 아니다[上德不德, 是以有德]라는 기의를 결합하고 텅 빈 덕[孔德之容]을 말한다.

노자는 그 텍스트 전체가 기호의 자의성을 말하고 있다고 해도 과언이 아니다. 기호의 자의성은 1장에서부터 마지막인 81장에 이르기까지 전반적으로 언설된다. 기호의 자의성을 달리 표현한 것이 바로 '비상명'이었다. 노자는 비상명을 통해 언어 질서와 상징계로서 언어가 갖는 규범적이고 법적인 것이 영원하지 않음을 선언하고자 했다. 다시 말해 노자의 '비상명'은 당시의 주나라 제도와 규범에 대한 저항이자 해체를 겨냥한 것이다. 그리고 이를 넘어서는 '무명'의 공동체를 제시했다. 이 '무명'의 공동체를 상상해 낸 것이 소쉬르를 넘어서는 노자의 사유이자, 노자의 사유가 궁극적으로 겨냥한 곳이다.

무명의 언어는 텅 빈 도와 텅 빈 덕으로 나타났다. 도와 덕이 텅 비었기에 그 기표에 어떤 기의를 채워도 된다. 물론 도와 덕이라는 기표를 버려도 된다. 도와 덕이 버려진 사회가 과연 '무명의 사회'일까? 도와 덕이 폐기된 사회가, 아니 도와 덕이라는 기표에 민중의 말들로 기의를 채운 사회가 '무명의 사회'일까? 그 사회가 소국과민의 공동체일까? 소국과민의 공동체는 '무명'의 사회일까? 그 사회가 무명의 사회라면, 무명의 언어는 무엇일까?

5. 민중의 말

 이 글은 "노자의 도와 소쉬르의 언어학: 잘못된 만남"의 후속편
이다. 노자의 도와 소쉬르의 언어학이 '잘못된 만남'이었으니, '제
대로 된 만남'을 성사시키기 위한 의도에서 기획한 글이다.

 이러한 의도를 구체화하기 위해 던진 질문은 노자의 '비상명'을
어떻게 이해해야 하느냐는 것이었다. 노자의 비상명을 이해하기
위해 공자의 '정명'을 끌어오고, 소쉬르의 담론들을 끌어왔다. 그
결과 노자의 비상명은 당시의 제도로서 언어, 상징계로서 언어에
저항하는 것이자 해체하고자 하는 논리임이 해명되었다. 물론 정
명을 주장하면서 당시의 언어 질서를 고수하고자 했던 공자의 주
장도 비판의 대상이 되었다. 노자의 비상명은 기표와 기의의 관계
를 해체하기에 소쉬르가 말한 '기호의 자의성' 개념에 부합한다.
따라서 소쉬르가 말한 기호의 자의성을 끌어와 논의를 펼쳤다.

 이러한 논의를 진행하기 위해 사용한 논증은 첫째, 정명론이든
무명론이든 형명론이든 동양 전통에서 '명'에 대한 논의가 단순한
사물의 명칭[物名]을 의미하는 것이 아니라, 한 사회의 제도와 법,

규범에 관한 논의였음을 해명하였다. 둘째, 언어 질서가 사회제도이자 사회구조임을 해명하는 논증을 소쉬르의 랑그와 라캉의 상징계에 이론들을 가져와 해명하였다. 셋째, '비상명'이 기표와 기의의 자의적이고 임의적인 관계를 드러내는 용어이며, 이는 소쉬르의 기호의 자의성(arbitraire)에 부합함을 해명하였다.

이러한 논증을 통해 노자의 비상명이 제도로서 언어와 상징계로서 언어를 부정하는 논리임을 해명하였다. 결국 노자는 사회구조를 구축하는 언어적 질서라는 것은 해체될 수도, 사라질 수도 있음을 예견한다. 사회구조로서 언어 질서를 해체하면, 민중의 말이 자유를 얻을 것이다. 노자는 민중의 말로 새롭게 구성한 공동체를 예견한다.

그 민중들의 말로 구성된 공동체가 소국과민이었다. 그 공동체의 언어를 '무명'이라고 표현한 것일까? 그 '무명'이라는 언어를 결승문자[結繩而用之]라는 제유(提喩)로 표현한 것일까? '무명'은 어떤 언어일까? 필자는 다시 노자의 목소리를 기다릴 것이다. 노자의 목소리로 '무명'을 말할 때까지.

참고문헌

『國語』

『論語』

『道德經』

『左傳』

李瀷, 『星湖先生僿說』

이경재, 『'非'의 시학』, 서울: 다산글방, 2000.

최진석, 『노자의 목소리로 듣는 도덕경』, 고양: 소나무, 2012.

미셸 푸코(이정우 옮기고 해석), 『담론의 질서 L'ordre du disdours』, 서울: 새길, 1994.

벵상 주브(하태환 옮김), 『롤랑 바르트』, 서울: 민음사, 1994.

부르스 핑커(김서영 옮김), 『에크리읽기』, 서울: 도서출판b, 2015.

숀 호머(김서영 옮김), 『라캉읽기』, 서울: 은행나무, 2009.

올리비에 그불(홍재성, 권오룡 옮김), 『언어와 이데올로기』, 서울: 역사비평사, 1994.

조너선 컬러(이종인 옮김), 『소쉬르』, 서울: 시공사, 2004.

페르디낭 드 소쉬르(최승언 옮김), 『일반언어학 강의』, 서울: 민음사, 2006.

프레드릭 제임슨(윤지관 옮김), 『언어의 감옥』, 서울: 도서출판까치, 1990.

서대원, 「王弼刑名學與解經論的硏究」, 북경대학교 박사학위 논문, 2000.

이권, 「공자(孔子)의 정명(正名)에 대한 연구」, 『철학논집』 제19집, 서강대학교 철학연구소, 2009.

이봉호, 「노자의 도와 소쉬르의 언어학; 잘못된 만남」, 『철학연구』 제115집, 철학연구회, 2016.

노자의 '소국과민'과 '허생의 섬'

03

1. 허생의 섬

이제 노자의 무명을 어떻게 이해할지를 연암(燕巖) 박지원(朴趾源)의 『허생전』을 통해 살펴보고자 한다. 『허생전』의 '허생의 섬'을 소국과민(小國寡民)의 공동체로 묘사하고 있다.

연암 박지원의 『옥갑야화(玉匣夜話)』에 실려 있는 '허생의 섬'[1]에 대한 선행 연구자들의 입장은 세 가지로 요약된다. 하나는 『예기』와 견주어 원시 유가가 그리는 이상사회와 연관이 있다거나,[2] 다른 하나는 표면적으로는 노장의 기법을 차용하지만 덕치 · 도덕적 리더십의 유교문명을 바탕으로 한 군신관계가 관철되는 계급사

---

1. 연암의 『열하일기(熱河日記)』에 『옥갑야화(玉匣夜話)』가 실려 있고, 『옥갑야화(玉匣夜話)』 속에 『허생전(許生傳)』이 수록되어 있다. 『허생전(許生傳)』의 무대가 되는 섬을 '허생의 섬'이라고 한다.
2. 최천집, 「허생전 이상사회의 사상적 토대」, 『동방학』 24집, 한서대학교 동양고전연구소, 2012.

회라고 보는 것[3]이다.

이와 달리 세 번째 입장은 연암의 작품과 노장사상의 친연성을 해명한 논문이 있다. 이들 연구는 『호질』과 『허생전』에 주목한다. 강민경은 『호질』의 서사 방식과 취지를 장자의 「거협편」과 「도척편」에서 취했으며, 『허생전』은 노자의 '소국과민(小國過民)'과 장자의 '지덕지세(至德之世)'와 닮았다고 분석한다.[4] 박수밀은 연암이 지식을 회의하고 문자가 실제를 은폐한다고 비판하고 있다는 사실을 거론하면서, 허생의 섬이 매듭을 묶어서 사용하는 결승용지(結繩用之)의 공동체로 귀결될 수밖에 없다고 분석했다. 그러면서도 허생의 섬은 연암이 그려낸 세계일 수 있다[5]는 입장을 제시한다.

필자는 이들 선행연구에서 강민경과 박수밀의 입장을 따르면서 논의를 진행하고자 한다. 왜냐하면, 유교 관점에서 허생의 섬을 이해한 논문들이 전제하고 있는 유가의 '덕'과 유가의 군신관계로서 '예법'은 허생의 섬에서 도출될 수 없기 때문이다. 허생의 섬은 왕과 신하 관계를 형성한 왕조가 아니다. 또한 『허생전』에서 허생이

---

3. 배병삼, 「박지원의 유토피아:허생전의 정치학적 독해」, 『정치사상연구』 9집, 한국정치사상학회, 2003.

4. 강민경, 「연암 박지원의 소설에 나타난 老莊思想 고찰」, 『도교문화연구』 제51 집, 한국도교문화학회, 2019.

5. 박수밀, 「노자(老子) 사상의 문학 수용 양상과 그 의미—연암 박지원의 문학 작품을 중심으로—」, 『온지논총』, 제62집, 온지학회, 2020.

말하는 덕이 무엇인지 규정되어 있지 않으며, 그 덕이 오른손으로 밥을 먹고 연장자에게 양보하는 것이라면, 이를 유가의 예법이라고 정의할 수도 없다. 오른손으로 밥을 먹고, 연장자에게 양보하는 것은 인간의 자연스러운 감정에서 발로된 행위로 규범으로까지 규정할 성질의 것은 아니기 때문이다. 규범은 한 사회의 규율적 규약을 의미하는데, 허생의 섬을 규율이 제정될 왕과 신하의 관계가 형성된 공동체가 아니다.

대개 유가에서 말하는 덕은 통치자 혹은 군자가 정치적 정당성을 획득하는 능력이거나, 군자가 행하는 도덕 행위의 근거로서 제시된다.[6] 그러나 허생의 섬에는 군자 혹은 사족(士族)이 존재하지 않는다. 그러하기에 어떠한 정치적 조직을 가진 혹은 지배자와 피지배자라는 계급과 신분이 형성되어 있지 않다. 유가에서 말하는 덕과 예법은 계급적 신분을 규정하는 규범이기에, 유가의 덕과 예법이 작동하기 위해서는 적어도 정치적 조직 혹은 계급이 형성되어야 한다.[7]

---

6. 『論語』「爲政篇」, "道之以政, 齊之以刑, 民免而無恥. 道之以德, 齊之以禮, 有恥且格."

7. 예법에 대한 일반적인 정의들을 살펴보자. "禮者, 別貴賤序尊卑者也.", "禮所以別貴賤", "刑不上大夫, 禮不下庶人" 등이다. 이들 정의는 『주례』에 나타나는 것으로, 계급에 따른 신분의 구별을 규정하고 존비와 차례를 규정하는 것이 예라는 점을 밝히고 있다. 그리고 예는 서인에게 적용되지 않으며,

그러나 허생의 섬에서는 이러한 정치적 조직과 계급이 존재하지 않았기에 유가에서 말하는 덕과 예법이 작동한 공동체라고 볼 수 없다.

이러한 이유로 필자는 강민경과 박수밀의 입장에서 허생의 섬과 노자의 소국과민을 비교하고자 한다. 특히 박수밀이 허생의 섬이 결승문자를 사용하고, 기존의 예법 제도를 부정한 공간[8]이라고 분석한 점에 주목한다. 박수밀의 분석에서 결승문자를 사용하는 공동체와 예법 제도가 폐기되고 오른손으로 밥을 먹고 연장자에게 먼저 양보하는 정도의 규범만이 작동하는 공동체를 무엇으로 이해할지를 질문으로 삼아, 필자의 논의를 진행하고자 한다.

이러한 논의에서 필자는 허생의 섬을 '무명(無名)'의 공동체로 가정하고자 한다. 노자의 무명이 무엇을 의미하는지는 아직 해명되지 않았다.[9] 노자의 '무명'이 문자와 그 문자들로 이루어진 규범과

형벌은 사부 이상의 계급에 적용되지 않음을 밝히고 있다. 따라서 예법이라는 말은 인(人)과 민(民)이라는 이분법에 따라 예는 인에 적용되며, 법은 민에 적용되는 규범이자 제도임을 알 수 있게 한다. 이와 관련한 분석은 侯外廬 등 저, 『中國思想通史』, 북경:인민출판사, 1992, 78~79쪽을 참조하라.

8. 박수밀, 위의 논문 같은 곳 참조.

9. 노자 철학을 유무를 범주 삼아, 형이상학적 체계로 설명하는 이론은 '귀무론'과 '숭유론' 등으로 전개되어왔다. 이는 40장의 "天下萬物生於有, 有生於無"라는 문장에 기초한 것이다. 하지만 '유명'과 '무명'에 대해서는 정리된 입장들이 나타나지 않는다. 이에 필자는 무명을 제도와 규범이 없는 세계로 보고자 한다.

제도, 예법을 폐기한 것이라면, 허생의 섬이 이에 가장 접근한 공동체일 것이기 때문이다.[10]

　필자는 소쉬르의 언어학 관점에서 노자를 해석한 몇 편의 글을 발표했다. 그 글에서 소쉬르가 말한 언어학은 한 공동체의 제도와 법, 규범에 대한 탐구라는 주장을 전제로, 노자 철학은 당시의 제도와 규범에 대한 비판임을 해명했다.[11] 그 글들에서 노자의 명론(名論)이 제도와 규범으로서의 사회구조에 대한 회의와 비판, 부

---

10. 노자의 사상은 농민을 대변한다고 말해진다. 철학사에서는 춘추말기 세습 귀족제가 해체되고, 귀족들의 정치 • 경제 기반과 조상신 숭배 기반인 '공사(公社)'가 해체되는가 하면, 강대국은 소국을 병탄하고 그 나라에 현을 설치한다(滅國置縣). 이 '공사'에 매어있다 풀려난 농노는 자유농민의 신분을 획득하고 소농을 형성했다라고 말한다. 이들은 자신들만의 공동체를 형성하는데, 이들을 대변하는 사상이 노자이고, '소국과민'이라는 이상은 당시 이들의 염원을 반영한 것이라고 말한다.(任繼愈 주편, 『中國哲學史』, 제1책, 북경: 인민출판사, 1994, 41쪽 참조/侯外廬 등 저, 『中國思想通史』, 북경:인민출판사, 1992, 262쪽 참조).
　이러한 역사적 사실과 조건들은 농민만의 이상사회를 추구하게 만들었고, 이들의 염원을 반영한 것이 노자의 소국과민일 것이다. 이 소국과민은 국가나 귀족의 예법과 제도가 아닌, 농민들의 염원을 반영한 공동체를 꿈꾸었을 것이다. 그것은 '결승이용지'하는 무명한 상태의 공동체일 수 있다.
11. 이봉호, 「노자의 도와 소쉬르의 언어학:잘못된 만남」, 『철학연구』, 제114집, 2016, 123쪽 참조.

정임을 주장했다.[12] 이제 이러한 주제를 확장해서 노자의 '소국과민'에서 '결승이용지'의 의미를 해석하면서 허생의 섬을 재해석해 보고자 한다.

소설 『허생전』의 내용 요약하고, 일부를 소개하는 것으로 논의를 시작해 보자.

『허생전』의 내용의 줄거리는, 호구지책을 세우지 않고 글만 읽던 허생이 아내의 바가지를 견디지 못해 7년 만에 책을 덮고 한양 갑부 변 씨를 찾아가 만 냥의 돈을 빌린다. 허생은 전국을 다니며 매점매석을 통해 엄청난 부를 축적한 후 제주도에서 늙은 뱃사공과 함께 무인공도를 찾는다. 이후 변산의 도적떼[13]를 데리고 그 섬에 들어가 『노자』 제80장의 소국과민과 같은 공동체를 꾸리려 했다는 내용이다.

이 내용에서 다음의 내용들이 소국과민과 같은 내용에 해당한다. 다음의 번역은 보리출판사의 『열하일기』의 번역을 기초로, 박수밀의 번역을 참조하여 가져왔다.

---

12. 이봉호, 「공자의 '正名'과 노자의 '非常名'-노자의 도와 소쉬르의 언어학:제대로 된 만남」, 『철학연구』, 제148집, 2018, 285쪽 참조.
13. 도적떼라고 표현했지만, 이들은 삼정문란으로 고향을 등지고 산으로 섬으로 폐사군 지역으로 들어간 유민들이다. 산으로 들어간 사람들을 '입산유민'이라고 부르고, 섬으로 들어간 사람들을 '입도유민'이라고 부른다. 중국과 국경 마찰을 줄이기 위해 설치한 폐사군 지역으로 들어간 유민도 상당하다.

허생이 늙은 뱃사공을 찾아가 물었다.

"바다 밖에 사람이 살 만한 빈 섬이 있던가?"

"있습지요. 언젠가 태풍에 표류하여 곧장 서쪽으로 사흘을 가서 한밤중에 어떤 빈 섬에 닿았습니다. 따져 보니까 중국의 사문과 일본의 장기도(오키나와)의 중간쯤 될 것입니다. 꽃나무가 저절로 피며 과일이 저절로 익어 있고 사슴들이 떼를 지어 다니고 물고기는 사람을 봐도 놀라지 않습지요." 허생이 크게 기뻐했다. "자네가 나를 그곳으로 데려다준다면 부귀를 함께 누리게 해 줌세." 사공이 그 말을 따르기로 하였다. 드디어 바람을 타고 동남 방향으로 가서 섬에 들어가게 되었다. 허생은 섬의 높은 곳에 올라서 사방을 둘러보고는 그만 실망하며 탄식했다. "땅이 고작 천 리가 못 되니 무슨 큰일을 할 수 있겠는가. 땅은 기름지고 샘물은 달콤하여 그저 돈 많은 늙은이 노릇이나 할 수 있겠구먼." 사공이 말했다. "텅 빈 섬에 사람이라곤 없는데 도대체 누구와 함께 살아간단 말이시오?" "덕만 있다면 사람이란 절로 모이게 마련이네, 덕이 없을까 걱정해야지, 어디 사람이 없음을 근심하겠는가?" … 한편 섬으로 들어간 허생과 도적들은 나무를 찍어서 집을 짓고 대나무를 엮어서 울타리를 만들었다. 땅 기운이 온전하다 보니 온갖 곡식이 심은 대로 크고 무성하게 자라고, 김을 매거나 쟁기질을 하지 않아도 한 줄기에 아홉 이삭이 달렸다. 3년을 먹을 식량을 비축해 두고 나머지는 모두 배에 싣고 장기도로 가서 팔았다. 장기도는 일본에 속한 고을로 31만 호가 되는 큰 지방인데 바야흐로 큰 기근이 들어있었다. 그리하여 굶주린 사람들을 진휼하고 은 100만 냥을 얻게 되었다. 허생이 탄식했다. "이제야 나의 자그마한 시험을 마치게 되었구나." 남녀 2천 명을 모두 모아 놓고 명을 내렸다. "내가 처음 너희들과 이 섬에 들어올 때의 계획으로는 먼저 너희들을 풍부하게 만들어 놓은 다음 따로 문자를 만들고 의관 제도를 새로이 제정하려고 하였느니라. 그런데 여기 땅이 좁고 내 덕이 얇으니 나는 이제 여기를 떠나련다. 아이들이 태어나서 숟가락을 잡게 되면 오른손으로 잡도록 가르치고, 하루라도 나이가 많은 사람이 먼저 먹도록 양보하게 하라." 그리고는 배를 모두 불살라 버렸다. "나가는 사람이 없으면 들어오는 사람도 없을 테지." 은자 50만 냥을 바닷속에 던졌다. "바다가 마르면 얻는 사람이 생기겠지. 100만 냥이나 되는 돈은 나라 안에서도 놓아둘 곳이 없거늘, 하물며 이 작은 섬에서랴." 글을 아는 사람은 모두 배에 실어서 함께 섬에서 빠져나왔다. "이 섬에 화근을 없애려 함이네."[14]

---

14. 박지원, 『옥갑야화』, 「허생전」, "許生問老篙師曰 海外豈有空島可以居者乎 篙師曰 有之 常漂風直西行三日夜 泊一空島 計在沙門 長崎之間 花木自開 菓蓏自熟 麋鹿成群 游魚不驚 許生大喜曰 爾能導我 富貴共之 篙師從之 遂御風東南入其島 許生登高而望 悵然曰 地不滿千里 惡能有爲 土肥泉甘 只可作富家翁 篙師曰 島空無人 尙誰與居 許生曰 德者 人所歸也 尙恐不德 何患無人 (……) 於是伐樹爲屋 編竹爲籬 地氣旣全 百種碩茂 不菑不畬 一莖九穗 留三年之儲 餘悉舟載往糶長崎島 長崎者 日本屬州 戶三十一萬 方大饑 遂賑之 獲銀百萬 許生歎曰 今吾已小試矣 於是悉召男女二千人

박수밀과 강민경은 연암의 『허생전』을 분석하면서 허생의 섬이 노자의 '소국과민'과 닮았음을 규명하고 있다. 박수밀은 허생이 만들려 한 새로운 문자는 허생의 섬의 구성원이 문자를 모르는 도적 떼임을 감안하면 결승문자를 사용하는 것으로 복귀일 것이며, 규범에 해당하는 의관 제도는 오른손으로 밥을 먹고 연장자에게 양보하는 최소한의 생활 윤리라는 점에서 노자의 이상향에 근접해 있다고 보았다.[15]

박수밀의 분석은 적절해 보인다. 노자가 추구한 이상향인 소국과민에 관한 연암의 이해와 그 이해를 소설로 형상화한 것이 『허생전』이라면, 노자의 소국과민을 가장 정확하게 이해한 사람이 연암일 수 있다. 중국이나 조선의 학자들의 '소국과민'과 관련된 주석에서 '결승이용지'가 갖는 의미가 제도와 규범의 폐기임을 해명하지 못하고 있기 때문이다. '결승이용지' 상태인 소국과민에 대한 기존의 주석들 대부분은 신뢰가 작동되는 공동체[16]라거나, 우민화

令之日 吾始與汝等入此島 先富之 然後別造文字 刱製衣冠 地小德薄 吾今去矣 兒生執匙 敎以右手 一日之長 讓之先食 悉焚他船日 莫往則莫來 投銀五十萬於海中 日 海枯有得者 百萬無所容於國中 況小島乎 有知書者 載與俱出 日 爲絶禍於此島."

15. 박수밀, 위의 논문, 31쪽.
16. 『노자하상공장구』의 주석이 이러한 입장이다. 80장의 『노자하상공장구』 주석, "去文反質, 信無欺也."

의 시도[17]라고 이해하고 있다. 이러한 이해는 노자의 '무명'과 '소국과민'을 연결해 살피지 않았기 때문이다.

---

17. 대표적으로 북송시기 이학자 정이천이 이러한 입장을 취한다. 정이천은 노자의 대의는 그 백성들을 어리석게 만드는 것이라고 한다(老氏之學…又大意在愚其民而自智).『二程集』, 중화서국, 152쪽. 정이천의 주장은 이후 유학자들의 노자 이해가 '권모술수'와 '우민화'의 사상이라고 인식하게 하는 이론적 근거가 되었다. 물론 정이천은 '결승이용지'에 대해 우민화라고 주석하지는 않았다. 다만 그가 노자의 전체의 뜻[대의]을 우민화라고 판단한 주요한 근거가 지식에 대한 반대와 교육의 폐기, 결승이용지일 것이다.

2. 문자

    노자가 추구하는 이상적인 공동체는 『노자』 제80장에서 그 모습
이 드러난다. 그 공동체를 소국과민(小國寡民)이라고 말하듯이,
작은 나라에 적은 수의 구성원으로 이루어진 나라이다. 소국과민
의 내용은 다음과 같다.

> 나라의 크기를 작게 하고 백성의 수를 적게 하라. 열 명, 백 명의 군
> 인들이 공동으로 사용할 병장기가 있어도 쓸 일이 없도록 하고, 백
> 성들로 하여금 죽음을 중히 여겨 멀리 가지 않도록 하라. 배와 수레
> 가 있다고 하더라도 탈 일이 없고, 갑옷과 무기가 있더라도 펼칠 일
> 이 없게 하라. 사람들로 하여금 다시 끈을 묶어서 사용하게 하고, 그
> 음식을 달게 여기며, 그 옷을 아름답게 여기며, 그 거처를 편안히 여
> 기고, 그 풍속을 즐기게 하라. (그렇게 되면) 이웃 나라가 마주 보고
> 있어 닭과 개 짖는 소리가 서로 들려도 백성들은 늙어 죽을 때까지
> 서로 왕래하지 않는다.[18]

---

18. 『노자』 80장, "小國寡民, 使有什佰之器而不用, 使民重死而不遠徙. 雖有

소국과민의 내용 중에서 "사람들로 하여금 다시 매듭을 묶어 사용하게 한다[使人復結繩而用之]"라는 문장에 주목해 보자. 이 문장에 대해 '새끼를 엮어 쓰게 한다'[19]거나, '결승문자를 사용하게 한다'[20]라고 해석한다. 두 번역의 의미 차이는 없다. 새끼를 엮어 정보를 전달하는 것이 결승문자이기 때문이다. 이렇게 번역한 것은 『노자하상공장구』의 주석에 따른 것이다. 『노자하상공장구』의 주석에서는 "문(文)을 버리고 질(質)로 되돌아가 신뢰하여 속임이 없다."[21]라고 말한다. 이 주석을 근거로 '문(文)'을 문자와 문서로 이해하고, 속임이 없을 정도의 신뢰가 구축된 공동체로 해석한 것이다. 물론 『노자하상공장구』 제80장 주석은 『노자』 제79장의 '좌계(左契)'와 '사계(司契)'라는 표현[22]이 있었기에 가능한 주석이다. 『노자하상공장구』의 『노자』 79장의 주석은 '문서와 법률 없이 신표

舟輿, 無所乘之; 雖有甲兵, 無所陳之; 使人復結繩而用之. 甘其食, 美其服, 安其居, 樂其俗. 隣國相望, 雞犬之聲相聞, 民至老死不相往來."
19. 왕필 지음, 임채우 옮김, 『왕필의 노자』, 서울:예문서원, 80장 해석, 2001, 266쪽.
20. 최진석 지음, 『노자의 목소리로 듣는 도덕경』, 소나무, 80장 해석, 2014, 539쪽.
21. 『老子河上公章句』 80장 주석, "去文反質, 信無欺也."
22. 『노자』 79장, "和大怨, 必有餘怨, 安可以爲善. 是以聖人執左契, 而不責於人. 有德司契, 無德司徹. 天道無親, 常與善人."

[契]를 새긴 부절이 서로 합하면 신뢰로 삼았다'[23]는 내용이 나온다. 그렇다면, 『노자하상공장구』 제80장 주석은 조금 더 강하게 번역해서 "문서와 법률을 버리고 본래의 상태로 되돌아가 신뢰하여 속임이 없다"라고 해도 될 것이다.

『노자하상공장구』의 주석은 『노자』 제79장과 제80장을 일관된 관점에서 해석하고 있다. 『노자하상공장구』 제79장의 주석에서는 '문서와 법률이 없어 신표를 새긴 부절로 신뢰를 삼았다'고 해석한다. 제80장의 주석에서는 '문서를 버렸다'고 말하고 있다. 이로부터 소국과민의 공동체가 결승문자를 사용한다는 내용을 정당화한다. 결승문자를 사용하면, 당연히 문서와 법률이 있을 수 없기에 신표를 새긴 부절로서 신뢰를 삼을 수밖에 없다.

'결승문자'에 대해서 주목해 보자. 결승문자는 기호화된 언어문자가 아니다. 그 문자는 새끼를 매듭지어(quipu) 정보를 전달하는 수준이다. 그러므로 결승문자가 전달할 수 있는 정보 역시 제한적이다. 그것은 물건의 수량을 전달할 정도로 특정한 정보를 전달하는 것이 한정된다. 결승문자는 소리로서 언어와 기호로서 언어가 결합하기 이전에 사용되던 시각 문자이다. 때문에 결승문자는 '음가(音價)'를 갖지 못한다. 음가를 갖지 못하고 물건의 수량 정도의

---

23. 『노자하상공장구』 79장 주석, "古者聖人執左契, 合符信也. 無文書法律, 刻契合符以爲信也."

정보만 전달하기에 국가와 같은 큰 공동체에서는 사용할 수 없는 문자이다.[24]

이러한 상황을 인류 최초의 문자인 메소포타미아의 쐐기문자와 비교해 보자. 쐐기문자 역시 일상적인 의사소통과는 전혀 상관없다. 쐐기문자로 기록된 내용들은 세금과 공물에 대한 기록, 납세자의 명부나 전리품의 목록, 식량 배급 등이다. 쐐기문자에 기록된 내용들을 보면, 이 문자는 행정의 필요 때문에 고안된 것이지, 일상적인 정보를 전달하는 기호가 아니다. 당연히 쐐기문자 역시 '음가'가 없다. 초기 국가 형태의 공동체에서 행정의 필요 때문에 몇 개의 단어와 숫자만으로 고안된 문자가 쐐기문자이다.[25]

결승문자는 행정체계에서는 쓸모없는 문자이다. 결승문자는 특정한 단어를 저장할 수 없기 때문이다. 그 문자는 숫자와 같은 특정한 정보만을 저장할 수 있다. 결국 결승문자를 사용하는 공동체는 국가 형태일 수 없다. 행정이 필요한 정도의 공동체가 되려면 적어도 쐐기문자처럼 단어들을 의미하는 기호와 숫자가 있어야 하기 때문이다.

---

24. 전명산 지음, 『국가에서 마을로—21세기 대한민국의 커뮤니케이션 구조 변화에 대하여』, 갈무리, 2014, 40쪽.
25. 전명산 위의 책, 140쪽.

"사람들로 하여금 다시 매듭을 묶어 사용하게 한다[使人復結繩 而用之]"는 문장으로 돌아가 보자. 이 문장에서 눈에 띄는 표현은 '다시'라는 말이다. '다시'라는 표현은 현재는 문자를 사용[정치적 으로도 행정적으로도]하지만, 매듭을 묶어 사용하는 상태로 되돌 리자는 말이다. '다시'라는 표현을 사용한 것은 매듭을 묶어 사용 하던 시대에서 문자의 시대로 발전해 온 공동체에서 문자가 없는 상태, 혹은 문자를 사용하지 않는 공동체로 되돌리자는 주장을 하 고 있음을 의미한다. 이는 문자를 사용해 통치하고 행정체계를 갖 춘 국가를, 계급도 없고 통치자도 없으며 행정체계도 없는 국가 이 전의 상태로 되돌리자는 말이다.

「계사전」 2장에는 "상고(上古)에는 끈을 묶어 다스렸는데 후세 (後世)에 성인(聖人)이 (이를) 글과 문서로 바꾸어서 백관(百官)이 다스려지고 만민(萬民)이 살폈다."[26]라는 문장이 있다. 「계사전」 2 장은 공동체의 역사적 전개를 결승문자를 사용하던 시대에서 문자 와 문서의 시대, 예법과 행정이 작동되는 시대로 이어지는 것으로 보고 있다. 노자는 이를 거슬러 상고시대로 되돌아가자는 주장을 하고 있다. 이는 노자가 의도적으로 문자가 없는 공동체를 지향하 고 있다고 볼 수 있는 내용이다.

---

26. 『주역』, 「계사전」 2장, "上古 結繩而治 後世聖人 易之以書契 百官以治 萬 民以察 蓋取諸夬."

'결승이용지'의 의미에 대해 우민화의 내용이라고 해석하기도 한다.[27] 이러한 해석은 성인과 그 말씀인 지혜와 지식을 끊어 없애라[28]고 하거나, 성인의 말씀을 교육하던 학교를 없애라든가,[29] 현명한 이를 숭상하지 말며, (…) 백성을 앎도 없애고, 욕망도 없게 하라[30]는 문장들과 '결승이용지'가 맞아떨어져서 일 것이다.

그런데 '과연 이 문장이 우민화의 내용일까?'라는 질문을 던져보자. 이렇게 질문을 던진 이유는 필자는 이에 동의하지 않기 때문이다. 결승문자를 사용하게 한다는 이 문장은 우민화의 내용이 아니라, 제도로서 언어,[31] 규범으로서 언어, 상징계로서 언어[32]에 대한 비판과 부정, 더 나아가 이에 대한 포기로 읽히기 때문이다.

---

27. 주석10) 참조.
28. 『노자』 19장, "絶聖棄智, 民利百倍."
29. 『노자』 20장, "絶學無憂."
30. 『노자』 20장, "不尙賢, 使民不爭. (…) 常使民無知無欲."
31. 제도로서 언어, 규범으로서 언어라는 용어는 소쉬르에 의해 제안된 개념이다. 소쉬르는 언어가 일종의 제도이며, 언어를 탐구하는 것은 가치와 규범, 법과 제도를 탐구하는 것이라고 보았다. 결국 언어가 한 사회의 구조를 구축하는 것이어서 언어의 탐구는 사회제도를 탐구하는 것이라고 보았다.(페르디낭 소쉬르 『일반언어학 강의』, 최승언 옮김, 서울:민음사, 2006, 21쪽 참조)
32. 상징계로서 언어라는 용어는 라캉에 의해 제안된 개념이다. 라캉은 소쉬르의 언어학을 정신분석학에 적용하여, 슈퍼에고(superego)를 상징계로서 언어로 이해한다. 상징계로서 언어는 법이자 제도로서 언어를 의미한다.(숀 호머, 『라캉읽기』, 은행나무, 2009, 110쪽 참조.)

춘추시대와 전국시대의 주요한 철학적 주제가 명론이고, 명론은 다름 아닌 규범과 제도로서 언어에 대한 철학적 논의[33]이기 때문이다. 공자의 정명론은 예법이 붕괴된 시대에서 예법이 제대로 작동하던 서주시기의 질서를 회복하자는 주장이며, 노자의 '비상명(非常名)'과 '무명(無名)'은 제도로서의 언어, 규범으로서의 언어에 대한 비판과 부정을 주장하는 논리를 펼치기 때문이다.[34] '결승 이용지'의 함의는 문자의 포기만을 의미하지 않는다. 그것은 기존의 제도와 규범을 폐기하자는 주장이자, 민중들의 언어인 입말로 새로운 공동체를 꾸리자는 주장이다. 『장자』에서 "천하에 존재하는 성인의 법을 완전히 제거하자 비로소 백성들이 자신의 말을 하기 시작한다."[35]라고 말하듯이, 성인이 세운 문서들인 법률, 제도와 규범이 완전히 사라지면, 백성들의 말로 공동체는 꾸려질 것이기 때문이다.

『노자하상공장구』의 『노자』 79장의 주석인 '문서와 법률 없이 신표[契]를 새긴 부절이 서로 합하면 신뢰로 삼았다'[36]는 내용처럼,

---

33. 서대원, 「王弼刑名學與解經論的硏究」, 북경대학교 박사학위 논문, 2000년, 16쪽 참조.

34. 이봉호, 「공자의 '正名'과 노자의 '非常名'-노자의 도와 소쉬르의 언어학:제대로 된 만남」, 『철학연구』, 제148집, 2018, 275쪽 참조.

35. 『莊子』, 「胠篋」, "殫殘天下之聖法, 而民始可與論議."

36. 『노자하상공장구』 79장 주석, "古者聖人執左契, 合符信也. 無文書法律,

'결승이용지'의 공동체는 제도로서의 언어, 규범으로서의 언어가 없는 사회이다.

허생의 섬에는 문자를 아는 사람이 없다. 문자를 알지 못하는 사람들로 이루어진 공동체이다. 당연히 문서로 된 법과 규범, 제도도 없다. 유일한 사족(士族)인 허생과 문자를 아는 자들을 일부러 배제했기 때문에 완벽하게 제도와 법, 규범이 없는 공동체가 되었다. 제도와 법, 규범을 만들어 백성들에게 제시하는 성인, 혹은 사족도 없다. 허생이 새로운 문자를 만들려다 포기한 것, 허생의 섬을 온전히 문자를 알지 못하는 도적들에게 맡기는 일은 노자의 소국과민에서 '결승이용지'와 그 사회구조의 조건에서 맞아떨어진다. 박수밀이 분석했듯이, 허생의 섬의 주민들은 문자를 모르는 사람들이고, 문자를 아는 자들은 허생과 함께 섬을 빠져나갔기 때문에, 결승문자로의 귀환[37]에 해당한다.

刻契合符以爲信也."

37. 박수밀, 「노자(老子) 사상의 문학 수용 양상과 그 의미-연암 박지원의 문학 작품을 중심으로-」, 『온지논총』, 제62집, 2020, 30쪽 참조.

3. 폐명

소국과민의 공동체와 허생의 섬은 규범으로서의 문자와 제도로서의 문자를 배제하고 있다는 점에서 닮아있다. 제도와 규범을 폐기하는 논리를 '폐명(廢名)'이라고 불러보자. 대만의 학자인 정공현(鄭公玄)은 노자가 말한 무명의 의미가 '폐명'이라고 주장한다. 그는 노자의 무명론은 명(名)과 실(實)의 관계를 폐기한 것이라고 본다. 이는 논리적으로 개념에 대한 정의를 폐기한 것이며, 노자의 무명론은 중국의 논리학 발전을 저해한 요소라고 주장한다.[38]

정공현의 주장은 일면 타당하다. 노자에서 개념들은 명만 있고 실이 없는 경우가 허다하기 때문이다. 가령 도나 덕, 성인 등의 용어는 기표(signifiant)만 덩그러니 놓여 있는 용어이다. 이들 용어는 기의(signifie)가 없거나 모호하다. 노자가 말하는 도는 기표로서는 존재하지만, 개념적으로는 텅 빈 것[39]이어서 기의라고 말할 것

---

38. 鄭公玄, 『中國先秦思惟方法論』, 대만:상무인서관, 1970, 109쪽.
39. 『노자』 4장, "道, 沖而用之" / 32장, "道常無名" / 41장, "道隱無名"

이 없다. 물론 덕도 마찬가지이다. 덕은 덕이 아니어야 덕이 될 수 있음[40]으로 그 기의를 알 수 없다. 성인도 역시 그 개념이 모호하다. 성인은 지혜와 무관하거나 어질지 않거나 제거되어야 할 대상이다.[41] 따라서 성인 역시 그 개념인 기의가 모호하다. 이처럼 노자 담론을 형성하는 주요 용어들은 기표와 기의의 관계를 형성하지 않는다.[42]

노자의 주요 용어들은 기표만 존재하고 기의는 텅 빈 기호들이기에 논리적으로는 정의(definition)를 폐기한 것으로 볼 수 있다. 정공현은 노자가 명과 실의 관계를 폐기하면서, 실제적으로는 명까지 폐기하는 '폐명'으로 나아간 것으로 이해한다. 그는 폐명을 개념에 대한 정의의 폐기라고 보았다.[43]

그러나 명과 실의 관계를 논리학에서 개념의 내포와 외연으로 볼 수 있는지, 언어학에서 말하는 기호의 기표와 기의와 일치하는

---

40. 『노자』 38장, "上德不德, 是以有德; 下德不失德, 是以無德."
41. 『노자』 19장, "絶聖棄智, 民利百倍; 絶仁棄義, 民復孝慈; 絶巧棄利, 盜賊無有."
42. 물론 동양의 '名實'과 '기표와 기의'가 정확하게 맞아 떨어지지는 않는다. '명실'개념은 직위와 그 직위에 대한 직분 개념이거나 예법에서 예법의 명칭인 명과 그 규범인 실이다. 이렇게 보면, 동양의 명실개념은 사회적 계급과 그 계급에 따라 지켜야 하는 규범을 규정하는 법률 규정에 가깝다. 반면에 기표와 기의는 언어학에서 하나의 용어를 구성하는 기호와 그 의미를 지칭한다.
43. 鄭公玄, 위의 책 같은 곳.

지를 따지는 것은 차치하더라도, 정공현의 말대로 명과 실의 관계를 폐기한 것은 개념 정의의 폐기만을 의미하지 않는다. 명과 실의 관계를 폐기하는 것은 제도와 예법을 폐기하는 것이기 때문이다. 『논어』「팔일편」의 '곡삭지례(告朔之禮)'를 두고 자공과 공자의 대화에서 이를 확인할 수 있다. 이 내용은 자공이 곡삭지례가 폐기된 지 오래되었는데도 제물로 쓰일 양을 여전히 기르고 있는 것을 보고, 제물로 쓰일 양을 폐기하자고 말하자, 이에 대해 공자가 비판하는 내용이다.[44]

이 내용에 대해, 주희는 사당에 제물로 쓸 양을 기르는 일이 존속되면, 양 때문에 곡삭의 예를 회복해 다시 행하게 될지, (곡삭의 예라는) 그 이름 때문에 그 실질을 구하는 일이 일어날지 어떻게 알겠는가. 그런데 제물로 쓰일 양을 기르고 관리하는 것마저 없애면, 양과 예, 명과 실이 모두 폐기되는 것이라고 해석한다.[45] 이는 명과 실의 관계 폐기는 결국 예법의 폐기로 이어진다는 논리이다. 주희는 명실의 관계가 폐기되는 것은 개념의 폐기를 넘어서 예법

---

44. 『논어』, 「팔일편」, "子貢欲去告朔之餼羊." 子曰, "賜也! 爾愛其羊, 我愛其禮."
45. 『성리대전』 9권, "孔子之時, 魯國告朔之禮廢已久矣, 而餼羊猶存. 子貢獨見其禮已久, 廢餼羊徒有虛名, 故欲去之. 聖人用心深遠, 以謂爾愛其羊, 我愛其禮. 禮雖廢而羊猶存, 後世安知不有因其羊而行禮, 循其名而求其實者乎. 豈不愈於羊禮俱廢, 名實皆亡者也."

과 제도의 폐기로 이어진다고 본 것이다.

공자의 정명론은 명과 실의 관계를 회복하자는 논리이다. 군신, 부자로 대표되는 계급과 신분의 위명(位名)과 직분(職分)이 붕괴된 사회[不正名][46]에서 이들의 위명과 직분을 서주 시기의 예법의 규정으로 되돌리는 것[正名]이 공자 정명론의 핵심이다. 서주의 예법에서 위명과 직분은 예에 따라 규정된 것[定名]이어서, 직위에 따른 직분의 일치는 통치 행위[爲政]의 핵심이 되는 내용이었다.[47] 통치 행위에서 핵심이 되는 것이 예법이고, 그 예법은 정명론을 근본으로 하는 것임을 알 수 있게 한다. 공자의 정명론 역시 폐기된 명실관계, 계급과 그 계급에 따른 규범인 예법을 회복하자는 논리이다.

동양 전통에서 성인–군주는 '기(器)'와 '명(名)'을 관장하여, 예법을 창제하고 이로써 백성을 다스리는 신성한 인물로 인식하였다. 이러한 인식 때문에 '성인(聖人)이 글과 문서를 창제해 백관(百官)을 통솔하며 만민(萬民)을 다스리는' 국가라는 형태를 꾸렸

---

46. 공자 당시 망한 나라는 52개국, 시해당한 군주는 36명이었다.(『史記/太史公自序』)

47. 『論語』, 「子路」, "子路曰, 衛君待子而爲政, 子將奚先. 子曰, 必也正名乎! (…) 名不正則言不順, 言不順則事不成, 事不成則禮樂不興, 禮樂不興則形罰不中, 刑罰不中則民無所措手足."

다. 국가에서의 통치란 명(名)을 세우고, 그 명에 따라 예법(禮法)을 제정하며 이를 제도와 규범으로 삼아 행사되는 것이었다. 이러한 논리를 가장 분명하게 보여주는 것이 성호 이익의 [솔예정명(率禮定名)]이라는 글이다. 이익은 이 글에서 "법이란 예에 근본하고, 예를 기준으로 법이 제정된다. 이를 어기면 형벌이 있게 되니, 이를 법이라고 한다. 예법에 근본하지 않는 것은 허위가 되니, 예를 제정하는 것은 정명(正名)을 핵심으로 한다."[48]고 말하고 있다.

명론을 세우고 예법을 제정하는 것은 군주의 권위를 증명하는 일이다. 명론과 예법의 제정 권한은 군주에게 있으며, 명론과 예법의 제정은 군주임을 증명하는 것이기 때문이다.

기(器)와 명(名)은 남에게 빌려줄 수 없으니 군주가 관장하는 것이다. 명(名)으로 위신을 내세우고, 그 위신으로 기(器)를 지키고, 기(器)로 예(禮)를 갈무리하고 예로 의(義)를 실천하고 의로 이로움을 내고 이로움으로 백성을 다스리는 것이 통치의 핵심이다.[49]

48.『星湖先生僿說』卷之十, 人事門; 率禮定名, "法者本乎禮, 率禮而定制, 違則有刑, 是謂之法. 不本其禮法為虛, 設禮者正名為主也."

49.『左傳』「成公」2年, "唯器與名, 不可以假人, 君之所司也. 名以出信, 信以守器, 器以藏禮, 禮以行義, 義以生利, 利以平民, 政之大節也."

이 인용문에서 보듯이, 군주의 권위를 상징하는 것은 기물[器]과 명(名)이다. 그리고 명은 사회의 제도와 예법의 근거이다. 이익의 말처럼 명으로부터 예와 법이 산출된다. 상하 신분의 위계를 규정한 예(禮)는 통치의 몸통이 된다. 예를 통해 신분적 상하 위계를 규정하는데, 예는 국가를 유지하는 제도이자 통치의 핵심[政之大節]이다. 예가 적용되지 않는 일반 백성과 하층민에게는 법(法)이 적용되었다. 그래서 『예기』에서는 명에서부터 예로 이어지는 통치의 실천을 말하고 있다.

대저 명(名)으로 의(義)를 만들고 의(義)로 예(禮)를 산출하고 예로 통치의 뼈대를 삼고 통치로 백성을 바르게 하니 이 때문에 통치가 이루어지면 백성이 따른다."[50]

필자는 이전의 글에서 동양 전통 사회의 명론(名論)에 대해, 명론은 단순한 물명(物名)이 아니라 사회적 구조에 관한 담론임을 해명했다. 언어구조가 사회구조이기에 공자의 정명론은 예법을 통해 '온갖 일들의 질서를 바로잡는'[51] 한 사회의 제도이자 규

---

50. 『左傳』「桓公」2年, "夫名以制義, 義以出禮, 禮以體政, 政以正民, 是以政成而民聽.
51. 『論語』,「子路」, "子路曰 : '衛君待子而爲政, 子將奚先?' 子曰'必也, 正名乎?'" 何晏集解引馬融曰"正百事之名.

약[52]을 회복하자는 논리가 되고, 노자의 '무명(無名)'의 세계는 천지의 처음[53]이기에 이 세계는 언어 질서를 가지지 않은 세계이며, 그 세계는 제도와 법, 가치와 규범의 지배가 없는 세계이자 '결승이용지(結繩而用之)'하는 세계라고 해명했다.[54]

만약 정공현의 말대로 노자의 '무명(無名)'이 '폐명(廢名)'이라면, 노자의 소국과민에서 '결승이용지'는 서주 시대에 형성되어 노자 당시(춘추 말기 혹은 전국 초기)에까지 이어진 예법에 대한 폐기를 의미한다. 노자의 무명을 폐명으로 읽어낼 수 있는 근거 중의 하나가 '결승이용지'이다. 결승이용지의 공동체는 기존의 규범과 제도가 작동하지 않는 사회이기 때문이다. 이 사회는 폐명을 거쳐서 이루어질 무명의 세계라고 말할 수 있다.[55]

허생의 섬에서 허생만이 유일한 사족이었다. 평생 글만 읽어 온

---

52. 『國語·周語上』, "有不貢則修名, 有不王則修德." 韋昭注 : "名, 謂尊卑職貢之名號也."
53. 『노자』 1장, "無名天地之始, 有名萬物之母."
54. 이봉호, 「공자의 '正名'과 노자의 '非常名'-노자의 도와 소쉬르의 언어학:제대로 된 만남」, 『철학연구』, 제148집, 2018, 279쪽 참조.
55. 이 점에서 여길보의 '소국과민'에 대해 주석은 나름 적절하다. 그는 노자의 말들은 삼대로부터 주나라가 쇠퇴하는 시기에 이르면, 그 제도로서 문자의 폐단이 매우 심해, 백성들은 본성과 삶의 참모습을 잃어버렸다. 노자는 백성의 본 모습을 찾기 위해 태고의 처음으로 되돌아가기를 주장했다고 보았다 (三代以來至于周衰, 其文斃甚矣, 民失其性命之情, 故老子之言, 求之以質, 以反太古之始.) 呂惠卿(呂吉甫) 『道德眞經傳』, 道藏本, 文物出版社.

그는 성인의 말씀을 기록한 경(經)과 성인의 말씀을 풀이한 전(傳)을 읽었다.[56] 그러면서도 노자를 읽었을 것이다. 그런 그가 자신의 덕이 부족하다고 자임하고 스스로 그 섬에서 지배자가 되기를 포기한다. 그뿐만 아니라 문자를 아는 사람도 데리고 나온다. 그 결과 허생의 섬을 제도와 규범이 없는 상태, 즉 '폐명'의 상태로 만든다.

허생의 본래 계획은 문자를 따로 만들고, 예법을 의미하는 의관 제도를 새롭게 만들고자 했었다. 하지만 그는 문자 만들기와 규범과 제도를 대표하는 의관(衣冠) 만들기를 포기한다. 군주의 권위를 상징하는 '명(名) 제정'을 포기한 것이다. 자신의 덕이 얕다는 이유와 땅이 좁다는 이유를 댄다. 허생은 도적 무리에서 군주의 역할을 할 수 있었을 것이다. 애초에 그는 기존의 체계와 다른 새로운 문자 만들기와 의관제도를 만들기를 생각했기 때문이다. 하지만 그는 이 일들을 그만둔다. 그러면서 문자를 아는 사람들을 데리고 섬을 빠져나온다.

허생의 섬을 사회 구조적 관점에서 어떠한 공동체라고 불러야 할까? 아마도 지배자 혹은 지배체제가 없는 공동체이자, 허생의 섬 구성원들이 모두 동의하는 규범을 만들어야 하는 공동체일 것

---

56. 경과 전에 대한 개념적 구분은 『文心雕龍』, 「論說 제18」, "聖哲彝訓曰經, 述經敍理曰論."을 따랐다.

이다.[57] 지배자와 지배체제가 없다는 점에서 무정부(anarchy)한 공
동체이고, 구성원들의 공통의지(Voluntary general)가 반영된 규범
이 만들어질 공간이기에 아나키즘의 공동체가 될 것이다.[58] 이러
한 공동체는 폐명이 전제되어야 가능하고, 폐명의 상태에서 결승
이용지하는 무명한 상태의 공동체가 될 것이다.

노자의 소국과민의 사회가 규범과 제도가 폐기되고 결승이용지
를 하며, 성인인 군주까지 배제된 공동체라면, 이 공동체는 무명한
상태의 공동체가 될 것이다. 허생의 섬 역시 규범과 제도가 폐기된
공동체이며, 군주 역할을 할 사족인 허생과 문자를 아는 자들을 의
도적으로 배제한 공동체이다. 허생의 섬 역시 폐명을 거쳐 어떠한
예법도 제도도 없는 무명한 상태의 공동체가 되었다.

---

57. 이러한 상상을 한 사람이 루소이다. 루소의 『사회계약론』은 사유의 출발점
    이 왕이 없는 국가는 가능한가였다. 그의 상상력에서 구성되는 근대 국가는
    구성원 모두의 자발적인 의견(공적의지; Voluntary general)이 반영되는 법을
    만들고 법에 따라 운영되는 법치국가였다.
58. 허생의 섬을 아나키즘으로 보는 시각은 최근 강명관 교수에 의해 책으로 발
    표되었다(강명관, 『허생의 섬, 연암의 아나키즘』, 휴머니스트, 2017). 강명관
    교수의 주장 이전에도 허생의 섬은 공상주의(空想主義) 사회라는 주장이 있
    었다. 아나키즘에 대한 한문 번역이 '공상주의'이다. 북녘의 학자 김광진은
    「박연암의 경제사상」에서 "이러한 지상천국의 공상적인 건설은 확실히 그 당
    시의 봉건적인 착취와 억압에 신음하고 있던 일반 농민들의 희망이고 요구이
    었다. 연암은 이러한 요구를 그 사상 가운데 반영하고 있었다."라고 한다. 『연
    암연구론문집』, 국립출판사, 1957, 70쪽.

4. 규모

『노자』제80장에서 묘사하는 이상적 공동체인 '소국과민'의 구성
원 수는 얼마나 될까? 라고 질문해 보자. 이렇게 질문하는 것은 제
도나 규범으로서의 문자가 필요 없는 공동체, 입말(구어)로 의사결
정이 이루어지는 공동체, 다시 말해 '결승이용지'가 가능한 사회의
규모를 생각해 보기 위함이다.

커뮤니케이션 이론에 따르면, 입말 문화로서 직접민주주의가 가
능한 공동체의 규모는 2천 명을 넘지 않아야 한다. 이 이론에서는
평등한 공동체의 사례로 아메리카 원주민 공동체를 주로 언급하면
서, 이들 공동체의 구성원 수에 주목한다. 이들 공동체의 구성원
수는 각 부족당 수십 명에서 수백 명 단위이고 많은 경우에도 2천
명을 넘지 않았다고 한다.[59]

이 정도 규모의 구성원 수를 유지하는 것은 사회적 갈등과 공동

---

59. 전명산 지음, 『국가에서 마을로—21세기 대한민국의 커뮤니케이션 구조 변
화에 대하여』, 갈무리, 2014, 58쪽.

체의 분열, 붕괴를 피하기 위해서 인구의 수를 일정한 수준 이하로 유지할 필요성 때문이다. 공동체의 인구수가 일정한 한계를 넘어서면, 공동체를 분화시키기도 하고, 피임이나 낙태, 영아살해와 전쟁을 벌이기도 한다.[60] 2천 명을 넘어 인구 밀도가 높아지면 그 공동체를 동요시키거나 붕괴시킬 가능성이 높기 때문이다.

공동체 구성원의 수를 이처럼 한정하는 것은 일상에서 정보의 평등과 직접민주주의를 유지하기 위한 것이다. 이러한 내용을 확인할 수 있는 것이 루이스 헨리 모건의 『고대사회』이다. 루이스 헨리 모건에 따르면, 북아메리카 원주민 부족은 민주적인 공동체를 꾸리고 있다. 그 공동체의 추장도 부족원 위에서 군림하는 통치자가 아니라 자유선거에 의해 씨족에서 선출된 대표자이다.[61] 추장에게 잘못이 있으면 부족원들에 의해 파면될 수도 있다.[62] 모든 부족의 구성원들은 부족의 문제에 대해 발언권을 가지고 있으며, 의사결정은 투표에 의해 결정된다.[63] 그러면서 이 정도 규모의 공동체를 유지하기 위해 노력한다고 말한다.

인류학 연구에 따르면, 원시부족사회는 미개한 사회가 아니다.

60. C.레비-스트로스 지음, 박옥줄 옮김, 『슬픈열대』, 한길사, 2019,
61. 루이스 헨리 모건, 김달곤 외 옮김, 『고대사회』, 문화문고, 2000, 168쪽.
62. 루이스 헨리 모건, 위의 책, 93, 237쪽.
63. 루이스 헨리 모건, 위의 책, 105쪽.

권력 구조와 통치 구조를 배제하기 위해 의도되고 고안된 고도의 시스템[64]이다. 이 공동체는 의도적으로 규범으로서의 문자와 제도로서의 문자를 배척한다. 이러한 사례를 보여주는 것이 C. 레비-스트로스의 연구이다. C. 레비-스트로스는 자신이 필드 연구를 한 남비콰라 부족민들이 문자와 문자의 기능을 알고 있지만, 문자를 의도적으로 사용하지 않고자 한 사례를 보여준다.

남비콰라 족장이 서구인들이 전해 준 문자의 힘을 알아채고 그것을 활용하려 하지만, 부족민의 반대에 부딪혀 아예 신임을 잃어버리고[족장의 지위를 잃어버리고], 부족민들은 공동체를 벗어나 덤불 속으로 피난한다. 이는 남비콰라 부족민들은 문자와 문자의 기능을 이해하고 있었으며, 문자의 도입은 사회 내부의 권력 구조의 변동, 더 나아가 공동체 해체의 위험성을 인식하고 있었다.[65]

이처럼 원시공동체 사회는 구성원의 수를 제한하면서도 일정한 규모를 유지하고, 부족원들이 모두 참여하는 의사결정 구조를 유지하려는 의도에서 문자를 도입하지 않았다. 공동체 구성원의 수를 제한하면서 일정한 정도의 규모와 입말 문화를 고수했다. 이는 직접민주주의를 시행하고, 정보의 평등을 추구하기 위한 것으로 볼 수 있다.

---

64. 전명산, 위의 책, 50쪽.
65. C.레비-스트로스, 위의 책, 548쪽 참조.

다시 우리의 질문으로 돌아오면, 허생의 섬은 그 구성원의 수가 2천 명으로 분명하다. 그러나 노자의 소국과민은 그 구성원의 수를 알 수 없다. 소국과민의 구성원 수를 확인하기 위해서는 『노자』 80장의 "십백지기(什佰之器)"라는 문장이 의미하는 바를 분석해야 한다. 이 문장에서 '십什'과 '백(佰)'이 의미하는 것이 무엇인지, '기器'를 어떻게 이해할지를 해명하면 그 규모를 짐작할 수 있다.

논의의 편의를 위해 우선 '기(器)'에 대한 이해들을 살펴보자. '기(器)'에 대한 이해는 크게 세 가지 관점으로 이해되어 왔다. 첫째는 농기구라고 보는 관점이다. "십백지기"에서 "'기(器)'를 농부들이 사용하는 기구[謂農人之器]"라고 주석한 하상공이 이러한 입장을 취한다.[66] 둘째는 사람의 재능과 재주라고 해석하는 입장으로, 이러한 관점을 취하는 대표적인 인물은 유학자인 소철(蘇轍)이다. 그는 "백성들은 각자 자신의 분수에 편안히 하면 약간의 재능이 있어도 세상에서 쓰여짐을 구하지 않게 되고, 그러한 사람들의 재주[什佰之器]는 보통 사람보다 열 배 백 배 뛰어난 재주를 감당한다."[67]라고 해석한다. 마지막 해석은 전통적인 해석으로 병장기라는 관점이다. 청대 학자 유월(俞樾)은 여러 전거를 인용하면서, 고

---

66. 『老子河上公章句』, "使民各有部曲什伯, 貴賤不相犯也. 器謂農人之器."
67. 蘇轍, 『道德經註』, "民各安其分, 則小有材者不求用于世. 什佰之器, 則材堪什夫佰夫之長者也."

대의 군대 편제가 '십(什)'과 '백(佰)'으로 구분되며, 이들 십(什)과 백(佰)의 편제는 병장기(器)를 공동으로 사용했다고 해석한다. 이러한 관점을 이어받은 현대 학자인 루우열(樓宇烈)도 '십백지기(什佰之器)'에 대해 십(什)과 백(佰)은 군대 편제이고, 이들이 공동으로 사용하는 병장기라고 본다. 필자는 '기(器)'에 대한 이해에서 병장기라는 해석에 동의한다. "사유십백지기이불용(使有什佰之器而不用)"이라는 문장에서 말하고자 하는 핵심 내용이 "사용하지 않게 한다[不用]"라는 것이기 때문이다. 이는 노자 전체를 관통하는 전쟁에 대한 반대의 논리와도 맞다.

이제 십(什)과 백(佰)의 규모를 생각해 보자. 루우열은 자신의 해석에 유월(兪樾)의 주석을 인용하고 있다. 앞에서 '기(器)'를 논의하면서 생략한 유월의 관점도 그의 주석에서 확인할 수 있다.

"什伯之器"는 병장기를 가리킨다. 유월(兪樾)은 "什伯之器는 병장기다. 『후한서(後漢書)』「선병전(宣秉傳)」의 주석에서 '군법에 다섯 사람으로 伍로 삼고 열 사람으로 什으로 삼아 그 병장기를 함께 사용한다(軍法五人爲伍, 二五爲什, 則共其器)"고 하였다. 동시에 伯라고도 하였는데, 옛날의 군법에서는 100 사람을 '伯'이라고 하였다. 『주서(周書)』「무순편(武順篇)」에서는 "5 곱하기 5하여 25를 원졸(元卒)이라 하고 원졸 넷으로 위(衛)라는 편제를 이룬 것을 백(伯)이라고 한다(五五二十五曰元卒, 四卒成衛曰伯)"라고

했으니 이것이 그 증거다.(여기까지가 청나라 시대 학자인 유월의 말이다)

什과 伯은 모두 군대 편제 단위의 이름이다. 『禮記』「祭義篇」에서는 '軍旅什伍'라고 하였다. 『禮記』에서 말한 '什伍'니 『노자』에서 말한 '什伯'이니 하는 것은 편제에서 크고 작은 차이는 있지만 근본적으로 다른 뜻이 없다. 서개(徐鍇)의 『설문계전(說文繫傳)』의 〈人部〉에서는 〈伯〉 항목 아래에 『老子』에서 什伯의 병장기가 있다고 하였다. 매 什伯마다 병장기를 함께 사용한다는 것은 병장기나 갑옷 따위를 말하는 것이다.(老子曰: 有什伯之器. 每什伯共用器, 謂兵革之屬)'라고 하였다. 제대로 풀이한 것이다."라고 하였다.[68]

루우열의 해석에 따르면, 군대의 편제에서 가장 낮은 단위가 '십'과 '백'이다. 그리고 '십'은 10명으로, '백'은 100명으로 편제된 부대임을 확인할 수 있다. 그렇다면 '십백(什伯)'은 1,000명으로 구성된 군사들의 편제이거나, 어떤 집단의 수를 표현하는 것이 될 것이다. 동양의 전통적인 숫자 표현에서 숫자를 나타내는 한자를 병기하여 서술하면 그 수를 곱셈으로 계산하여 이해한다. 따라서 "사유십백지기이불용(使有什伯之器而不用)"에 대한 해석은 '1,000명 정도

68. 樓宇烈, 『老子道德經注校釋』, 中華書局, 2008, 190~191쪽.

가 공동으로 사용할 병장기가 있어도 쓰지 않게 한다'라는 의미로 풀이해야 한다.

이렇게 해석하더라도, 우리는 노자의 소국과민의 구성원이 정확하게 몇 명인지 알 수 없다. 소국과민의 전체 인구가 '십백'인지, 병장기가 '십백지기'인지, 십백에 포함되는 구성원은 성인 남성인지, 여성까지 포함하는지, 병장기가 십백지기이고 이를 사용할 구성원은 그것을 넘어설지를 알 수 없기 때문이다. 그런데 허생의 섬에서 남성 구성원 수는 천 명이다. 만약 연암이 '십백'을 성인 남성의 숫자로 이해했다면 ─ 상식적으로는 그렇게 읽힌다 ─, 소국과민의 구성원 수와 같아진다.

만약 연암의 『허생전』이 노자의 소국과민을 소설화한 것이라면, 허생의 섬 인구를 2,000명으로 잡은 것은 '십백지기(什伯之器)'를 전통적인 독법으로 읽어낸 것으로 볼 수 있다. 또한 결승문자를 사용하고, 사족과 문자를 아는 자들을 배제한 공동체를 허생의 섬에서 구현하고 있는 것 역시 노자의 소국과민의 내용과 부합한다고 볼 수 있다.

5. 무명

C. 레비-스트로스는 문자의 출현과 문명이 어떠한 관계가 있는지 살핀 적이 있다. 그는 문자가 문명과 맺는 관계는 특정한 몇몇 요소에 한정된다고 본다. 문자의 출현은 도시와 제국의 형성에 한정되며, 도시와 제국의 형성은 개인들이 하나의 정치체계 속에 통합되고, 이 개인들이 계급과 위계 가운데로 배분되는데, 이러한 현상은 이집트에서부터 중국에 걸쳐 발견되는 것이라고 한다.[69]

그는 문자는 인간 지식을 공고하게 만들지 않았고, 반면에 영속적인 지배 체계의 확립에서 불가결한 존재가 되었다[70]라고 한다. 문자는 영속적인 지배 체계와 그 지배 체계에서의 계급과 위계의 체계를 공고히 하는 수단이자 권력이다.

소쉬르는 한 공동체의 언어구조는 그대로 사회구조를 반영한다고 한다. 그래서 언어학의 탐구는 음가, 음소, 문법을 탐구하는 것

---

69. C.레비-스트로스, 위의 책, 546쪽 참조.
70. C.레비-스트로스, 위의 책, 547쪽 참조.

이 아니라 한 공동체의 규범과 제도, 법률을 탐구하는 것이라고 한다.[71] 라캉은 상징계로서 랑그는 우리의 무의식과 의식을 지배하는 슈퍼에고라고 한다. 그래서 내가 말하는 것이 아니라 언어가 나를 통해서 말하는 것이라고 한다.[72] 또한 푸코는 우리는 담론의 포로이기에 담론이 나를 통해 발화한다고 말한다.[73]

이들은 모두 동일한 말을 하고 있다. 아니 언어가 이들을 통해 동일한 발화를 하고 있는지도 모른다. 소쉬르가 절망적으로 '혁명은 불가능하다'[74]고 주장하듯이, 우리는 한 공동체 언어구조의 포로이며, 언어 없이 사유할 수도, 다른 언어를 사용할 수도 없다.

혁명은 어떻게 가능할까. 언어를 바꾸는 일은 가능할까. 규범으로서의 언어, 제도로서의 언어를 폐기하고 원시공동체로 되돌아가는 일을 상상으로만 가능할까. 그래서 제도로서의 언어, 규범으로서의 언어가 없는 천지의 처음을 가능할까[無名, 天地之始-1장].

그래서 도는 텅 비어서[道, 冲而用之-4장], 백성들의 입말로 채워지고[百姓皆謂我自然-17장], 백성의 입말을 법칙으로 삼으며[道法自然-25장], 그러다 다시 권력자가 나타나 문자 사회가 구축되고 제도와 규범이 강제되면, 무명의 통나무로 진압하지만[化

---

71. 소쉬르, 『일반언어학강의』, 민음사, 2006, 126쪽.
72. 숀 호머, 『라캉읽기』, 은행나무, 2009, 87쪽 참조.
73. 미셸 푸코, 『담론의 질서 L'ordre du disdours』, 새길, 1995.
74. 소쉬르, 『일반언어학강의』, 민음사, 2006, 103쪽.

而欲作, 吾將鎭之以無名之樸-37장], 그래도 진압이 안 되면, 다시 그 사회를 되돌려[反者, 道之動-40장], 어떠한 제도적 규범의 기준도 없는 상태로 되돌리는[復歸於無極-28장], 그 되돌리는 과정은 폐명[道隱無名-41장; 上德不德-38장]을 거쳐 무명에 이르는 소국과민의 공동체[無名, 天地之始-1장]가 아닐까. 그 공동체는 매듭을 묶어 표기하는[結繩而用之-80장] 입말 공동체이자 직접민주주의가 가능한 공동체가 아닐까.

허생의 섬의 구성원 규모, 허생의 섬에서 문자와 예법의 배제는 노자가 그린 소국과민의 내용과 닮았다. 연암은 문자가 계급과 위계를 만들고, 그 계급과 위계에 구성원을 배분하는 규범이자 제도이며, 예법임을 알았다. 그래서 그는 문자와 지식은 실제를 은폐하는, 진실을 온전히 담을 수 없는, 문자는 재앙의 뿌리라고 말한다.[75]

노자는 지식을 반대한다. 성인의 말씀인 지식과 그 지식을 전수하던 학교도 폐기하라고 주장한다. 성인은 갓난아이가 되어야 한다고 말한다. 군주는 바보가 되어야 한다고 말한다. 그런 연후에 이상사회인 소국과민을 제시한다. 그 소국과민은 재앙의 뿌리인 문자[제도와 규범]가 없는 공동체이다. 이 점에서 소국과민은 폐명

---

75. 박수밀, 위의 논문 26쪽 참조.

의 공동체이자, 무명한 상태의 공동체이다. 그 동체 규모는 정확하게 알 수 없지만, 결승이용지가 가능한 규모일 것이다. 결승이용지가 가능한 규모는 입말문화로 직접민주주의가 가능한 공동체일 것이다. 어쩌면 연암이 그려낸 허생의 섬 규모일지도 모른다. 인류학자들의 연구 결과와 커뮤니케이션 이론에 따르면 입말문화와 직접민주주의가 가능한 공동체 규모의 최대치는 2,000명이기 때문이다. 연암은 노자의 소국과민의 공동체를 허생의 섬으로 형상화한 것은 아닐까.

참고문헌 •─────────────────────────────

『老子河上公章句』

『老子王弼注』

呂惠卿(呂吉甫), 『道德眞經傳』, 道藏本, 文物出版社.

박지원 씀, 이상호 옮김, 『열하일기 中』, 파주:보리출판사, 2004.

『莊子』

樓宇烈, 『老子道德經注校釋』, 북경:中華書局, 2008.

『左傳』

『論語』

『國語』

『周易』

왕필 지음, 임채우 옮김, 『왕필의 노자』, 서울:예문서원, 2001.

최진석 지음, 『노자의 목소리로 듣는 도덕경』, 파주:소나무, 2014.

『二程集』, 북경:중화서국, 2008.

『性理大全』, 사고전서 전자판.

『星湖先生僿說』, 한국고전번역원:www.itkc.or.kr

侯外廬 등 저, 『中國思想通史』, 북경:인민출판사, 1992.

任繼愈 주편, 『中國哲學史』, 제1책, 북경:인민출판사, 1994.

鄭公玄, 『中國先秦思惟方法論』, 대북:대만상무인서관, 1970.

소쉬르, 『일반언어학강의』, 서울:민음사, 2006.

미셸 푸코, 이정우 옮김, 『담론의 질서 L'ordre du disdours』, 서울:새길, 1995.

숀 호머, 『라캉읽기』, 서울:은행나무, 2009.

루이스 헨리 모건, 김달곤 외 옮김, 『고대사회』, 서울:문화문고, 2000.

C.레비-스트로스 지음, 박옥줄 옮김, 『슬픈열대』, 파주:한길사, 2019.

강명관, 『허생의 섬, 연암의 아나키즘』, 서울:휴머니스트, 2017.

『연암연구론문집-연암 박지원 탄생220주년 기념』, 평양:국립출판사, 1957.

전명산 지음, 『국가에서 마을로-21세기 대한민국의 커뮤니케이션 구조 변화에 대하여』, 서울:갈무리, 2014.

강민경, 「연암 박지원의 소설에 나타난 老莊思想 고찰」, 『도교문화연구』 제51집, 2019.

박수밀, 「노자(老子) 사상의 문학 수용 양상과 그 의미-연암 박지원의 문학 작품을 중심으로-」, 『온지논총』, 제62집, 2020.

배병삼, 「박지원의 유토피아: 허생전의 정치학적 독해」, 『정치사상연구』 9집, 한국정치사상학회, 2003.

서대원, 「王弼刑名學與解經論的研究」, 북경대학교 박사학위 논문, 2000년.

이봉호, 「노자의 도와 소쉬르의 언어학:잘못된 만남」, 『철학연구』, 제114집, 2016.

이봉호, 「공자의 '正名'과 노자의 '非常名'-노자의 도와 소쉬르의 언어학:제대로 된 만남」, 『철학연구』, 제148집, 2018.

최천집, 「허생전 이상사회의 사상적 토대」, 『동방학』 24집, 한서대학교 동양고전연구소, 2012.

조선시대 노자 주석의 연구 경향과 전망

04

— '闢異端論'과 '以儒釋老'라는
관점을 중심으로

1. 조선시대 노자 주석들

　조선시대 노장(老莊) 주석은 현재까지 노자에 관한 주석은 5종, 장자에 대한 주석은 2종이 발견되어 연구되고 있다. 물론 노장에 대한 단편은 무수히 많다. 이들에 대한 정리는 이 단편들을 모으고, 하나의 관점으로 정리할 필요가 있지만 자료 수집부터 지난한 일이 되어 당분간 연구를 미루어 둘 수밖에 없는 상황이다.

　노자 주석서는 이이(李珥)의『순언(醇言)』으로부터, 박세당(朴世堂)의『신주도덕경(新註道德經)』, 서명응(徐命膺)의『도덕지귀(道德指歸)』, 이충익(李忠翊)의『초원담로(椒園談老)』, 홍석주(洪奭周)의『정노(訂老)』에 이르는 5종이다. 장자에 대한 주석은 박세당은『남화경주해산보(南華經註解刪補)』와 한원진(韓元震)의『장자변해(莊子辨解)』로 2종이 있다.[1]

1.『장자』에 대한 주석서는 아니지만,『장자』의 내용을 초록한 권해(權瑎, 1639~1704)의『漆園采奇』가 있다. 이 책은『장자』초록이기에 논의의 대상에서 제외한다.

앞서 '현재까지'라는 표현을 했는데, 이들 주석서가 발견되는 과정에 주목해 보면 노장에 대한 주석서는 다시 새롭게 발굴될 가능성이 있다. 우리나라의 역사와 연관해 보면 그 주석서들의 소재는 한국으로만 한정되지 않기 때문이다. 일본과 프랑스 등에서도 발견될 가능성은 열려있다.

어쨌든 조선시대 노장에 대한 연구들은 몇몇 책들을 제외하면 충분한 연구가 진행되었고, 각각의 책들에 대한 연구경향과 과제를 제시하는 논문까지 발표되었다. 가령『순언』의 경우는 이종성의「율곡『순언』의 연구 동향과 과제」라는 논문에서 2006년까지의 연구 경향들을 충실히 소개하고 있으며, 박세당의『신주도덕경』의 경우는 김승영의「박세당의 회통사상-『신주도덕경』을 중심으로」에서 2005년까지의 연구사를 충실히 검토하고 있다. 서명응의『도덕지귀』는 이 책의 번역서에 달려있는 해제에서 2005년까지의 서명응의 노자 이해를 충실히 다루고 있다. 이충익의『초원담로』은 민홍석의「이충익의『초원담로』이 나타난 노자관 일고」라는 논문에서 2009년까지의 이충익의 노자연구의 성과물을 망라하고 있다.

다만 홍석주의『정로』의 경우만이 선행연구에 대한 정리가 없다. 이는『정로』에 대한 연구가 그 편수에서도 적고, 동일한 인물에 의한 연구[2] 가 주를 이루고 있기 때문이다. 만약『정로』에 대한 관심

---

2. 조민환과 김학목이 대표적이다. 조민환,「홍석주「정로」에 나타난 도론」,「동

이 증가하고 연구가 누적되었다면 누군가에 의해 연구사 정리라는 방식으로 선행연구가 정리되었을 것이다.

이 글에서는 노자 주석서들 하나하나에 대한 연구사 정리를 하지 않는다. 그 이유는 앞서 언급한 연구자들의 연구사 정리가 탁월하기도 하고, 전체적인 흐름에서 조선시대 노자철학에 관한 연구 경향과 그 문제점을 살펴보는 것을 목적으로 하기 때문이다. 또한 조선시대 장자 주석서에 대한 연구 경향과 문제점도 다루지 않는다. 이는 그간의 연구 성과가 연구대상으로 삼을 정도로 그 편수가 쌓이지 않았을 뿐만 아니라, 이를 전공한 몇몇의 전공자들의 논문만이 존재하기 때문이다.

본 논문은 조선시대 유학자들의 '벽이단론(闢異端論)'에 대한 현대 학자들의 이해를 살펴보고, 조선시대 노장 주석을 바라보는 지배 관점인 '이유석노(以儒釋老)'라는 개념틀에 대한 비판적 검토와 '탈주자학적 관점'에서 행해진 노장연구의 문제점도 아울러 살펴볼 것이다. 각론적으로는 각 주석서들의 연구경향들을 살펴보면서 이에 대한 문제점과 대안을 제시하는 것으로 글을 구성하고자 한다.

양철학연구』38, 동양철학연구회, 2004.;「홍석주의 노자사상이해」,『시철논단』, 1996.;김학목,「연천 홍석주가 『도덕경』을 주석한 목적―사상사적인 관점 아래 『순언』과 『신주도덕경』과의 관계를 중심으로―」,『철학연구』제 60집, 2003.

2. 조선시대 유학자들의 '벽이단론'과
그에 대한 해석

한반도에 노자나 장자가 전해진 것은 삼국시대이지만, 이에 대한 연구 결과물들은 조선시대에 단편들과 주석서로 보아야 한다. 이는 주자학이 수용되고, 주희가 읽어낸 도가(道家) 이해에 따라 조선의 학자들도 도가 사상을 이해한다는 의미이다.[3] 다시 말해 주자학 혹은 송대의 이학자들이 도가 사상을 이해하는 방식과 조선의 학자들이 노장(老莊)을 이해하는 방식이 대체로 같은 흐름을 보여준다는 논리이다. 이러한 논리를 조민환은 구체화해서 말하고 있다. 그의 논리를 요약해 보면 다음과 같다. 첫째, 송대 유학자들이 노장을 이단으로 배척하는 측면에서 노장에 관심을 가졌다는 점이다. 둘째, 변화된 시대를 이끌 새로운 형이상학적 사유의 필요성이 노장에 관심을 끌게 했다는 점이다. 셋째, 유가가 현실의 삶에서 부족한 부분을 노장이 보충해 준다는 점에서 노장에 관심을 가졌다는 점이다. 넷째, 당시의 삼교 합일적 진리관의 영

---

3. 한국철학사상연구회 지음, 『강좌 한국철학』, 서울:예문서원, 1995, 207쪽 참조.

향으로 노장에 관심을 두었다는 점이다.[4] 조민환은 이렇게 유학자들이 노장을 이해하는 방식을 정리하고서는, 조선시대의 노장 이해도 대략 이에 준한다고 본다. 그는 이를 '이유석노(以儒釋老)'라는 이해의 틀로 수렴한다.[5]

어쨌든 이를 개념화하면 첫째의 논리는 자기 사상의 정체성을 확보하기 위해 다른 사상에 대한 거부와 비판인 '벽이단론'에 해당한다고 볼 수 있다. 둘째와 셋째의 논리는 자신의 사상에 대한 완전한 정립으로부터 다른 사상으로 외연을 넓히는 것으로 다른 사상에 대한 '수용' 혹은 다른 사상을 원용해 유학의 이론을 정립한다는 의미에서 '보유론(輔儒論)'으로 볼 수 있다. 넷째는 '회통(會通)'에 관점에서 파악하는 것이다. 이때의 회통은 어떤 사상을 중심축에 놓느냐가 관건이다. 만약 유학의 관점을 축으로 놓고 노장사상을 포용하려 한다면, 이 역시 '이유석노'가 될 것이다. 하지만 이 경우에는 유학의 어떤 관점을 기준으로 했느냐를 해명해야만 회통의 의미가 드러날 것이다.

송대 이학자들이 유학과 도불사상(道佛思想)을 대립적으로 보

---

4. 이광세 외 지음, 『이강수 읽기를 통해 본 노장철학연구의 현주소』, 서울:예문서원, 2005, 297−300쪽 요약정리, 해당 내용 참조.
5. '이유석노'라는 개념틀은 현대 중국학자들(대표자는 엄영봉이다)이 송대 리학자들이 노장을 해석하는 경향을 지칭하기 위해 사용한 개념이다. 김길환에 의해 한국에서 처음으로 사용되었다.

는 시각은 우선 '실학(實學)'과 '허학(虛學)'의 논의를 들 수 있다. 주자학은 도가와 불가의 사상을 '허학(虛學)'이라고 규정하고, 유학을 '실학(實學)'이라고 규정해 왔다. '허'와 '실'의 구분은 참과 거짓이라는 기준에 근거한다. 실학이란 참된 학문으로 현실적 사회에 적용될 수 있는 사상인데 반해, 허학이란 거짓 학문으로 비현실적이며 비사회적이라는 의미이다. '공(空)'에 기초한 불교 사상은 출가(出家)라는 방식으로 인륜을 끊어버리거나, 비사회적인 생활을 하는 점에서 허학으로 규정되고, '무(無)'에 기반한 도가 사상은 강상윤리를 비판하거나, 사회적 질서를 부정하는 점에서 '허학'이라고 본 것이다.[6] 결국 불가나 도가의 사상은 비사회적이며, 비현실적이라고 본 것이다. 반면 실학으로서 유학은 현실 사회를 작동시키는 참된 학문으로 강상윤리이자 사회구조와 그 실천에 유효한 학문이라는 것이다. 이처럼 실학과 허학이라는 대립 구조는 사회를 구성하거나 유지하는 규범의 관점에서 구분한 것이다. 이러한 관점은 조선시대 학자들의 노자와 장자 이해에서도 그대로 적용된다. 가령 정도전은 '불가와 노장이 적멸(寂滅)과 청정(淸淨)을 숭상하여 사회적 규범인 예악과 윤리를 제거하거나 멸절하고자 한다'[7]라고 본다. 정도전의 이해는 도가와 불가는 예악과 윤리를 멸

---

6. 중국철학연구회 지음, 『논쟁으로 보는 중국철학』, 서울:예문서원, 2006. 참조.
7. 『三峯集』 권10, 「心氣理篇」, "若夫釋老之學, 以淸淨寂滅爲尙. 雖彝倫之大,

절하고자 하는 허학이라는 것이다. 이는 송대 이학자들의 도불에 대한 이해와 동일하다.

'벽이단론'은 사상 투쟁과 밀접하다. 벽이단론에서 '벽(闢)'이라는 글자가 갖는 함의처럼 자신의 사상을 순정하게 지켜내기 위한 사상적 투쟁이다.[8] 또 다른 측면은 다른 사상을 비정통으로 규정하는 논리 속에서 자신의 사상에 대한 정체성을 확보하는 과정이다. 이러한 두 가지 함의를 분명하게 보여주는 것이 『동문선(東文選)』권 51에 나오는 "이단을 물리침으로써 우리 도의 바름을 밝힘(闢異端以明吾道之正)"이라는 명제이다. 이단을 물리치는 행위가 바로 자신의 사상을 밝혀내는 과정이다. 이를 위해서는 옥(玉)과 석(石)에 대한 분명한 이해를 전제할 때만이 돌 속에서 옥을 가려낼 수 있듯이, 이단에 대한 이해를 전제할 때만이 자신의 사상을 분명히 할 수 있기 때문이다. 주희는 이를 위해 이단을 공부하려면, 철저하게 해야 한다고 본다. 주희는 『논어』「위정편」, "子曰攻乎異端, 斯害也已."에 대한 소주에서 "(이단에 대해) 오로지 연구해서도 안 될 뿐만 아니라 대충 이해해서도 안 된다. 만약 자기의 학문이 정립되었다면 이단의 문제점을 보는 것은 그래도 괜찮다"[9]

禮樂之懿, 亦必欲屛除而滅絶之."

8. 『東文選』권 53, "自孟子闢楊墨存孔氏以來, 漢之董子, 唐之韓子, 宋朝程朱子, 皆扶斯道闢異端."

9. 『논어』「위정편」, "子曰攻乎異端, 斯害也已."에 대한 소주 : "不惟說不可專

고 한다. 주자의 이 말은 이단을 공부하려면 자기의 학문이 정립된 상태에서 철저하게 해야 한다고 본 것이다.

아마 주희의 이러한 이단관에 대해 가장 적절한 예는 정도전과 권근의 논리일 것이다. 정도전은 「심기리편(心氣理篇)」에서 유불도의 종지를 이(理)·기(氣)·심(心)으로 구분하여 정리하고 있다. 권근은 이에 대한 주석에서 보다 분명하게 벽이단론을 펼친다. 이들 내용을 가져와 살펴보자.

> 노씨(老氏)는 기(氣)가 이(理)에 근본하고 있음을 알지 못하고 기(氣)로써 도(道)를 삼으며, 석씨(釋氏)는 이(理)가 심(心)에 갖추어져 있음을 알지 못하고 심으로써 종(宗)을 삼는다. 이들 노·불 이가(二家)에서는 스스로 무상고묘(無上高妙)하다고 말하면서도, 형이상(形而上)이 어떤 물건인지도 알지 못하고 마침내 형이하(形而下)만을 가리켜 말하여 천근(淺近)하고 오활(迂闊)하며 편벽된 가운데에 빠지면서도 스스로 깨닫지 못하는 것이다.[10]

유가(儒家)에서는 이(理)를 주(主)로 하여 심(心)과 기(氣)를 다스

治, 便略去理會他也不得, 若是自家學有定止去看他病通却得."

10. 『三峯集』권10,「心氣理篇」, "故老不知氣本乎理, 而以氣爲道. 釋不知理具於心, 而以心爲宗. 此二家自以爲無上高妙. 而不知形而上者爲何物. 卒指形而下者而爲言. 陷於淺近迂僻之中而不自知也."

리니, 그 하나를 근본으로 하여 그 둘을 기르는 것이요, 노씨(老氏)는 기(氣)를 주로 하여 양생(養生)으로써 도(道)를 삼고, 석씨(釋氏)는 심(心)을 주로 하여 부동(不動)으로써 종(宗)을 삼아, 각기 그 하나를 지키고 그 둘을 버린 것이다. (……) 따라서 이가(二家)의 학설은 고고(枯槁)하고 적멸(寂滅)한 데 빠지지 않으면 반드시 방사(放肆)하고 종자한 데에 흘러들어, 그 인의(仁義)를 해치고 윤리를 멸절(滅絶)한다.[11]

　전자는 정도전의 글이고 후자는 권근의 주석이다. 두 인용문은 『동문선』의 "闢異端以明吾道之正"이라는 명제를 가장 분명하게 보여준다. 두 인용문의 내용은 크게 두 가지로 구분할 수 있다. 하나는 다른 사상에 대한 부정적 정의이다. 다른 하나는 자신의 사상과 다른 사상을 대비적으로 견주어 자신의 사상을 드러내는 것이다. 다른 사상에 대한 부정적 정의는 다른 사상을 이단으로 정의하고 물리치고자 하는 '벽이단(闢異端)'에 해당한다. 구체적으로는 불교와 노장사상의 핵심을 심과 기로 보고, 그 한계성을 지적하는 방법이다. 이러한 부정적 정의와 대비적으로 자신의 사상을 드

---

11. 상동, 이에 대한 권근의 주석, "儒主乎理而治心氣. 本其一而養其二. 老主乎氣, 以養生爲道. 釋主乎心, 以不動爲宗. 各守其一而遺其二者也. (……) 是二家之學, 不陷於枯槁寂滅則必流於放肆縱恣. 其賊仁害義, 滅倫敗理."

러내는 것은 '명오도지정(明吾道之正)'에 해당한다. 여기서 '오도 (吾道)'는 이(理)를 주로 하여 심(心)과 기(氣)를 다스리는 학문이 기에, '우리의 도[吾道]'는 형이상의 논리라는 것이다. 여기서 '이 (以)'자의 기능은 앞서 언급한 타자를 규정하는 방식으로 자신의 정체성을 확보하는 논리에 해당한다.

이러한 벽이단의 논리는 허학(虛學)과 실학(實學)의 구분과도 관련된다. 불가와 도가가 편벽되었다거나 인의를 해치고 윤리를 멸절한다는 것이기에 허학(虛學)에 해당한다. 반면 유학은 강상윤 리로 공동체를 유지하는 데, 유효한 학문이므로 실학(實學)에 해 당한다. 결국 벽이단론은 실학과 허학을 구분하는 논리를 포함하 는 것으로 볼 수 있다.

이렇게 보면, 유학자들이 노장의 사상에 대해, 허학과 실학의 대결구도를 견지하거나 벽이단론을 견지하는 것은, 자신의 정체 성 확보와 밀접한 관련이 있다. 이는 자신의 사상이나 정통성에 대한 확보와 정체성 확립과 관련이 있는 것이다. 이는 "오도를 견 지하고 이단을 물리친다(扶吾道, 闢異端)"라는 점에서 당연한 논 리이다.

자신의 학문에 대한 정체성이 확보되고, 자신의 사상이 주류가 된 이후에 다른 사상을 바라보는 관점은 이와 다를 수밖에 없다. 이제 다른 사상에 대하여 자신감을 가지고 다양한 관심사에서 자 유롭게 접근할 수 있는 것이다. 이러한 점이 조선시대 학자들의 노자와 장자 주석에서 보이는 주제의 다양함이자, 주석 경향의 다양성으로 이해할 수 있다. 앞서서 이를 수용 · 보유론으로, 회통론으로 명명했었다.

이러한 조선시대 유학자들의 노자 이해에 대해 현대 학자들의 평가는 크게 두 가지로 구분된다. 하나는 조선시대의 학자들의 관점을 준용하는 경우이며, 다른 하나는 새로운 해석을 보여주는 것으로 구분된다. 벽이단의 논리를 준용하는 연구자들[12]은 조선시대 이단론은 이단을 배척하는 과정에서 노자와 장자에 관심을 두고 있으며, 이들의 노자와 장자 이해가 바로 벽이단론이라고 주장한다. 다만 불교와 도가사상에 대해 정도의 차이만 있을 뿐이라고 한다. 이들 연구자들은 조선의 학자들이 도가와 불가를 '도불(道佛)' 혹은 '불도(佛道)'라고 통칭하는 측면에서는 이들 사상이 비사회적이고 비윤리적이라는 의미에서 합치되며, 이들 사상은 조선 유학자들에 의해 배척되지만, 불교와 도가를 구분하여 이단론을 펼칠 때는 불교보다 도가에 우호적이라고 점을 지적한다.

이와 달리, 조선시대의 벽이단론이란 다름 아닌 타자를 규정하는 방식으로 자신의 정체성을 확보하는 논리이며, 이는 "너는 나다!" 혹은 "나는 너다!"라는 명제라는 주장이 있다.[13] 이 주장은 너

---

12. 송항룡, 이강수, 조민환 등이 이에 해당한다.
13. 김시천, 「이이의 『순언』과 이단의 문제」, 『시대와철학』 23권 1호, 2012.

를 규정하는 것이 나를 정의하는 것이라는 점에서 '벽이단(闢異端)'에서 '명오도지정(明吾道之正)'으로 넘어가는 논리로 이해할 수 있다. 다시 말해 이단을 규정하고 이를 물리치는 것이 자신을 정의하는 것이 된다. 즉 타자를 규정하는 방식이 바로 자신의 정체성을 확보하는 논리인 것이다.

하지만 이 논문은 유학자의 내면에 '성리학이라는 안'과 '자유라는 밖[老莊]'의 사유가 공존할 수 있다는 점에서, 율곡 이이의 『순언』은 이를 가장 잘 보여주는 예로 본다. 이러한 안팎의 논리가 "나는 너다!"라는 논리로 전환된다고 본다.

유학자의 내면에서 안과 밖이라는 준거는 모호하다. 또 조선 유학자들이 자유의 준거로 노자와 장자를 이해했을지도 의문이다. 차라리 어떤 대상에 대한 부정적 정의를 통해 자신의 정체성을 확보하는 논리로 이해하는 것이 적절해 보인다. 앞에서 말한 너를 규정하는 것이 나를 정의하는 것이라는 점에서 '벽이단(闢異端)'에서 '명오도지정(明吾道之正)'으로 넘어가는 논리로 보는 것이 적절해 보인다.

가령 조선조의 '심성논쟁(心性論諍)'이 인간의 본성의 선함을 논리적으로 구축하고 해명하는 선의 형이상학이지만, 반대로 악을 정의하고 규제하는 논리인 악의 형이상학과 다르지 않은 것이 이에 해당할 것이다. 결국 타자에 대한 부정적 정의를 내림으로써 자신의 정체성을 확보하는 논리라고 보는 것이 적확한 이해일 것이다. '벽이단(闢異端)'을 통해 타자에 대한 부정적 정의를 내리는 작업이, 자신의 정체성을 확보하는 작업인 '명오도지정(明吾道之正)'으로 보인다.

3. '이유석노' 혹은 '탈주자학'이라는 해석의 틀

　조선시대 학자들이 노자와 장자를 이해하는 사유는 '벽이단론'에서 '이유석노'라는 방식으로 전개되었다고 말해진다. 여기에 덧붙여 '탈주자학'이라는 관점까지 더해져서 '벽이단론'에서 '이유석노'로 이어지고, 조선 후기 학자들의 노자와 장자 주석은 '탈주자학'적 경향을 띤다는 것이다.

　이들 세 관점은 어쨌든 주자학을 축으로 놓고, 주자학의 관점에서 노자와 장자를 이해하는 틀이 시대의 흐름에 따라 변해왔음을 보여준다. '벽이단론' 역시 주자학에서 노자와 장자를 바라보는 시각이었고, '이유석노' 역시 송대 이학자들이 노자와 장자를 바라보는 관점과 같다. 다만 조선의 사상적 흐름이 탈주자학적 경향을 띄고, 이 관점에서 노자와 장자를 주석한다고 하더라도, 이 역시 주자학이라는 준거틀을 가지고 그 시각에서 벗어났느냐를 평가하기에, 주자학에 기대고 있기는 마찬가지이다.

　하지만 이러한 흐름이 적확하냐는 질문은 던져보면, 다소간의 의구심이 있다. 우선 '이유석노'라는 관점은 문제가 있어 보인다.

왜냐하면 '이유석노'라는 관점은 개념적으로 너무 외연이 넓고 모호해서 귀에 걸면 귀걸이, 코에 걸면 코걸이(耳懸鈴鼻懸鈴)인 측면이 있기 때문이고, 내 논에 물대기(我田引水)라는 의미를 함축하고 있기 때문이다.

본격적으로 이 개념의 문제점을 다루기 이전에 '아전인수'라는 의미를 생각해 보자. '유학자들이 노장을 아전인수격으로 이해한다'라는 의미는 다소 부정적인 느낌을 준다. 유학자들이 자신들의 관점으로 노장을 왜곡한다는 의미를 내포하기 때문이다. 또 다른 측면으로는 유학자들이 순수한 학문적 관심에서 노자와 장자를 탐구하는 활동에 대해서도 그 가치를 폄하할 수 있다. 전자에 해당하는 것이 홍계희(洪啓禧)가 율곡 이이(李珥)의 『순언(醇言)』을 출간하려고 편집할 때, 송구봉이 이를 말리며, "노자의 본뜻에서 어긋나는데 구차하게 유학의 도리와 맞추려 한다는 의심을 받기 쉽다"[14]라고 평가한 말이나, "노자의 사상은 상도에 어긋나고 이치에 어긋나서 버려야할 내용"[15]이라고 말한 것도 이에 해당할 것이다. 후자는 홍석주가 기존의 노자 이해가 바르지 못해, 바르게 이해하기 위해 『정노』를 짓는다고 한 경우도 유학자의 관점에서 노자 이해라고 규정하게 되는 경우이다. 이렇게 보면,

---

14. 『순언』 洪啓禧의 발문, "龜峯宋先生 止之曰 非老子之本旨 有苟同之嫌."
15. 같은 책, 같은 곳, "蓋去其反經悖理者, 五之三爾."

'이유석노'라는 개념틀은 부정적 이미지를 전제한 것으로 보아야
한다.

이제 이 개념틀이 갖는 문제점을 다루어 보자. 이를 '이유석노'
라는 개념어가 성립 가능한가와 그 개념이 성립한다면 그 적용
이 적절한가로 구분해서 논의해 보자. 우선 개념어의 성립 문제
를 따져보자. 첫째 동양철학사에서 '이유석노'와 비슷한 개념틀이
존재했는가? 가령 '이유석묵(以儒釋墨)' 혹은 '이묵석유(以墨釋
儒)'와 같은 개념어가 존재했는가이다. 유묵의 논쟁이 치열했던
철학사의 흐름에서, 동일한 개념어를 사용하면서도 서로 다른 입
장에서 섰던 유가와 묵가의 논쟁에서도 '이유석묵(以儒釋墨)' 혹
은 '이묵석유(以墨釋儒)'와 같은 개념어가 존재하지 않았다. 익히
알려져 있듯이, 『장자』「제물론」의 내용에 유가와 묵가의 논쟁(儒
墨之爭)을 기록하고 있지만, 『장자』 어디에도 이러한 개념어는
없다. 만약 '이유석묵' 혹은 '이묵석유'라는 개념이 존재했었다면,
'이유석노' 역시 비교 개념어로서 그 존재 가치가 있을 것이다. 하
지만 이러한 비교 개념어가 존재한 적이 없다는 점에서 '이유석
노'라는 개념어는 사상사에 적용하기는 다소 무리가 있다. 둘째,
이 관점을 조선에 적용하면 조선시대에는 성리학자 이외에 노장
을 자신의 사상으로 삼는, 혹은 도가라고 불리는 학자군이 존재
한 적이 없기에 이 개념은 비교할만한 준거틀이 없는 개념이어서
불완전하다. 가령 '이노석불(以老釋佛)', '이불석노(以佛釋老)'라

는 관점들이 존재했다면,[16] '이유석노'라는 관점이 타당할 것이라는 점이다.

또한 이 개념틀의 적용과 관련해 생각해보자. 이 개념을 적용하여 조선시대 노장사상을 규정하면, 이 개념이 무의미한 개념틀이 될 수 있으며, 조선시대 행해진 노장주석에 대한 왜곡이 일어날 가능성이 있다. 구체적으로는 첫째, 노장을 주석한 사람이 유학자이고, 그가 유학의 관점을 견지한다는 조건만 갖추어도 '이유석노'라는 관점은 적용될 수 있다. 이는 조선시대 학자들 대부분이 유학자이고, 그들에 의해 행해진 노장에 대한 논설 혹은 주석은 모두 '이유석노'에 해당할 터이다. 따라서 '이유석노'라는 개념은 틀리지는 않았지만 의미가 없는 개념틀이 된다.

둘째, 유가와 도가가 동일하게 사용하는 개념, 즉 '도'와 '태극' 등에 대한 탐구에서 주석가가 취하는 입장들을 곡해할 가능성이 있다. 이에 해당하는 예는 서명응의 『도덕지귀』에 보인다. 서명응은 '태극'을 성리학 이전의 사유 즉, '선천학(先天學-유학과 도가 등으로 학문이 분화하기 이전의 원형적인 학문 혹은 후천 학문세계에서 수양과 연구를 통해 도달해야 할 어떤 경지-)'의 핵심 개념으

---

16. 물론 유정의 『삼가귀감』 속에 있는 『노자』에 대한 이해를 보여주는 『도가귀감』과 「현정론」, 「유석질의론」 등이 있기는 하다. 하지만 이는 그 이해가 단편적이고 전체에 대한 주석이 아니어서 사상사적인 관점에서 어떤 흐름을 보여주는 것은 아니라고 본다.

로 정의한다. 그런데 이를 성리학적 개념의 틀, 즉 이기 개념으로 보게 만드는 측면이 있다. 실제로 이러한 이기(理氣) 개념으로 서명응의 태극을 해석하면서, 여기에다 체용론 구조까지 적용한 논문이 존재한다.[17] 하지만 서명응의 사유에서 이(理)는 기(氣)의 조리이자 사태의 조리 정도의 개념이기 때문에,[18] 그에게는 이가 독립적이거나 실체적인 개념이 아니다. 그런데도 무반성적으로 이기 개념과 체용 개념을 적용해 오해를 야기하게 한다. 셋째, 조선시대 노장에 대한 주석서들이 노장을 바라보는 관점이 매우 다양하고 그들이 사용하는 개념과 사유의 틀이 다양함에도, 이들에 대한 고려 없이 '이유석노'라는 틀을 부여하면, 각 주석들의 특징을 사상(捨象)하는 측면이 있다. 이에 해당하는 예가 '노자의 관점으로 노자를 이해하려했다(以老釋老)'는 평가[19]를 받는 이충익의 『초원

---

17. 김윤경, 「서명응의 『도덕지귀』에 나타난 태극관」, 『동양철학연구』 제48집, 동양철학연구회, 2006, 146쪽.

18. 『保晚齋集』 권16, 「蠡測」, "充滿宇宙, 貫徹古今, 莫非五行之錯也. 五行又莫非陰陽之運也. 陰陽又莫非太極之所乘也. 無有乎間斷, 無有乎虧欠, 無有乎縫罅. 自其妙用而言之, 則曰神, 自其流行而言之, 則曰善, 自其賦受而言之, 則曰性, 自其眞實而言之, 則曰誠, 自其條理而言之, 則曰理, 自其主宰而言之, 則曰宰, 自其所由而言之, 則曰道. 神也善也性也誠也理也宰也道也, 斯已備矣."

19. 김학목, 「강화학파의 도덕경주석에 관한 고찰」, 『동서철학연구』 제34호, 한국동서철학회, 2004, 282쪽; 민홍석, 「이충익의 『초원담로』에 나타난 노자관 일고」, 『양명학』 제22호, 2009, 294쪽.

담노』이다. 이충익의 『초원담노』는 수많은 노자 주석자들의 이론을 충실히 반영하면서도 '귀무론(貴無論)'과 '숭유론(崇有論)'의 관점에서 '유무론(有無論)'에 치중하고 있는데도, 이를 '이유석노'의 관점에서 현대 학자들이 바라보는 문제를 노출한다. 이는 주석자 개인의 철학적 지향이나 체계를 무시한 채 단선적으로 평가한 문제이다. 따라서 '이유석노'라는 관점은 그 개념어 자체의 성립이나, 적용에서 여전히 모호하고 불안전한 분석틀임이 분명하다.

'이유석노'의 관점은 지금에도 조선시대 노장 연구에 지배적인 관점이 됨으로써 각 주석들의 다양한 관점과 층차를 사상하는 장애가 되고 있다. 그래서인지 기존의 연구들이 개별적인 노장 주석서에서 그들의 고유한 관점을 추출하고서도 '이유석노'라는 틀에 수렴하는 문제점을 노출하고 있다.

조선 후기 노자와 장자의 주석을 '탈주자학적 관점'으로 보는 연구들도 문제가 있어 보인다. 조선 후기의 학자들이라고 해서, 그들이 생존했던 시기가 탈주자학적 경향을 갖는 시기라고 해서 이들의 노자 주석과 장자 주석이 탈주자학적 경향을 갖는다는 것은 논리적으로 타당하지 않다. 어떤 학자가 탈주자학적 관점에서 노자와 장자를 해석하였다면, 그의 노자와 장자 주석에서 주자학의 핵심 개념어들이 어떻게 달라졌는지, 그러한 이해가 주자학을 이탈했는지에 대한 해명이 선결되어야 한다. 이러한 선결문제에 대한 해결 없이 시대적 상황에 갇혀 접근하다보면, 모순적인 이해가 나타난다. 대표적인 예가 박세당의 『신주도덕경』에 해당한다. 박세당은 탈주자학적 경향을 대표한 학자이자, 탈주자학적 사유 때문에 사문난적으로 몰려 죽임을 당한 학자로 평가된다. 그런데도 그의 노자이해는 주자학적 사유에 입각해서 진행된다는 연구결과가 있기도 하다.[20]

이러한 모순이 발생하는 것은 '탈주자학'이라는 개념틀에 대한 선결문제를 해결하지 못했기 때문이다. 즉, 탈주자학이란 개념틀은 주자학을 준거로 한 개념틀이다. 그런데 주자학이라는 준거틀과 탈주자학이라는 개념틀은 서로 교차·비교되어 해명되어야 했다. 그런데도 이러한 선결문제를 해명하지 못하고 시대적 상황과 학자 개인의 학문적 성향만으로 선입견을 부여하여 발생한 문제이다.

---

20. 김학목, 「강화학파의 『도덕경』 주석에 관한 고찰―초원 이충익의 『초원담로』를 중심으로―」, 『동서철학연구』 제34호, 한국동서철학회, 2004.

4. '사상사' 혹은 하나의 관점으로
    조선시대 노자 주석을 보려는 시각

그렇다면 조선시대 노장의 이해가 '벽이단론'에서 '이유석노'로 이어지고, 이는 다시 '탈주자학적 경향'으로 이어진다는 논리를 사상사로 보는 것은 가능할까?

사상사라는 것이 단순히 시대적 구분에 따라 어떤 사상을 정리하는 것이 아니라, 시대적 흐름과 그 흐름을 관통하는 어떤 사유의 흐름을 공통으로 잡아내어 하나의 체계로 수렴해 내는 것이라면, 조선시대 노장 주석에 대해 이러한 관점을 적용하는 것은 사상사적으로 일견 손색이 없어 보인다.

이러한 시도를 한 연구자가 있다. 대표적으로 김학목의 경우가 여기에 해당한다.[21] 그는 『순언』, 『신주도덕경』, 『정로』를 연결해 이들 주석이 갖는 시대적 상황과 저작자의 문제의식을 연결하는 방식으로 접근한다. 그는 율곡의 경우 『순언』을 저술한 이유가 동

---

21. 김학목, 「조선 유학자들의 『도덕경』 주석과 그 시대상황 -『순언』, 『신주도덕경』, 『정로』를 중심으로-」, 『동서철학연구』 제24호, 한국동서철학회, 2002.

서분당과 관련이 있으며, 『도덕경』을 '수기치인(修己治人)'으로 풀이하면서 위정자들이 국정을 바르게 운영하기를 바라는 마음에서 『도덕경』을 마음 비움이라는 '수기치인'으로 편집했다고 본다. 또한 박세당은 성리학적인 명분을 바탕으로 당쟁을 일삼는 것에 대해 노자의 '박(樸)'이라는 개념을 제시해 반성을 유도했다고 본다. 홍석주의 『정로』는 조선후기 성리학의 폐단에 대한 비판을 진지하게 받아들인 상태에서 주자학을 시대에 맞게 새롭게 정립하려는 모색으로 본다. 그는 율곡에서 연천에 이르기까지의 노자 주석은 시대적인 고민과 문제의식이 가득한 텍스트로 본다.

그는 다른 논문에서 『순언』과 『정로』를 연결하면서, 율곡이 『순언』에서 형이상학적인 사유에 치중하지 않은 점은 『정로』로 이어지고, 그것은 홍석주가 『도덕경』을 원시 유학적인 사유로 해석하면서 노자사상을 극도로 긍정한다고 본다. 그런데 홍석주가 노자를 이렇게 해석한 것은 박세당의 주자 성리학 비판에 맞서 주자학을 경세론적인 관점에서 새롭게 정립하기 위함이었다고 본다.[22]

김학목의 논문은 사상적 흐름으로 노자주석서를 보려고 한 점에서 긍정적으로 볼 수 있다. 하지만 그의 논문은 시대적 정황을 기준으로 노자주석서들을 검토하고, 이를 기초로 선언적 주장을 하

---

22. 김학목, 「연천 홍석주가 『도덕경』을 주석한 목적―사상사적 관점 아래 『순언』과 『신주도덕경』과의 관계를 중심으로―」, 『철학연구』 제60집, 2003.

고 있을 뿐, 그에 대한 논거를 제시하고 있지는 못하다. 또한 노자를 주석한 학자의 심정을 막연하게 추론하고서 이를 핵심적인 근거로 사용해 자신의 주장을 펼치고 있다. 그의 이러한 주장은 사상사를 단순히 시대적 흐름을 기준으로 구분하고, 그 시대에 해당하는 학자들의 사유를 그 시대의 흐름과 같다고 보는 단순한 논리에 기초하고 있다.

이러한 문제점을 해결하기 위해서는 조선의 사상사를 분명하게 정립하고, 각 주석가의 문집과 행적을 조사하여 그의 문제의식, 그의 철학적 사유의 지향에 대한 완전한 이해를 바탕으로 하여, 이를 노자 주석에 적용함으로써 그의 사유 전반과 노자 이해를 포괄하는 시각을 제시해야 할 것이다.

'이유석노'라는 하나의 관점으로 조선시대 노장 주석서를 일괄하려는 시도는 조민환에 의해서 수행된다. 조민환은 "조선조 노장 주석서 연구(1), (2)"에서 '이유석노'의 관점으로 이들을 일괄하여 파악한다. 그는 조선조 노장 주석서에 나타난 노장철학에 대한 이해는 공통적인 특징이 나타나는데, 그것은 '이유석노'의 경향으로, 노장철학이 유가철학과 정도의 차이는 있지만 결국은 수기치인(修己治人)과 애민치국(愛民治國)을 말하고 있다는 점, 노자의 도를 태극 혹은 이로 보고서 노자의 도와 관련된 우주생성론적인 측면을 태극과 음양의 관계로 이해한다는 점, 노자가 말하는 도와 덕, 도와 명, 유와 무를 체용론적으로 보고 있다는 점 등에서 조선시대의 노자이해는 '이유석노'라고 귀결 짓는다. 조민환의 관점은 앞에서 비판적으로 충분히 검토하였으므로 여기서는 생략한다. 결국 사상사의 관점으로 조선시대 노자주석서를 일괄하는 시도는 요원해 보인다.

5. 외연의 확장

앞서 논의를 정리하면, 조선시대 노자 주석서를 연구하는 경향은 '벽이단론'과 '이유석노'의 입장에 갇혀있는 것으로 보인다. 이는 벽이단론에 대한 재해석이 필요하고, '이유석노'에 대한 재검토가 필요해 보인다. 벽이단론을 철학적으로 재해석하려는 시도가 김시천에 의해 재기되었지만, 유학자 개인의 내면 문제로 귀결하는 바람에 좋은 결과를 얻지 못하였다. '이유석노'에 대해서는 몇몇 논문의 행간에서 부적확함을 읽어낼 수 있었지만, 이에 대한 본격적인 토론은 없었다. 그러한 점에서 이 글에서는 이 문제들에 대해 초점을 맞추어 보았다.

그리고 사상사의 관점으로 조선시대 노자주석서를 이해하려는 시도도 보였다. 하지만 사상사를 시대적인 구분으로만 적용하는 한계를 드러냈다. 사상사의 관점에서 조선시대 노장을 읽어내려는 시도는 좀 더 많은 사항을 고려하고, 심사숙고하는 연구 자세가 필요해 보인다.

결국 '이유석노'에 대해서는 이를 대체할 새로운 사유틀이 필요해 보이고, 이 작업은 사상사적 관점과도 결부되므로, 한국철학사 전반에 대한 연구와 공동작업이 필요해 보인다.

이제 각 주석서들에 대한 연구 경향들을 살펴보자. 조선시대 노자 주석서를 다룬 연구들은 대부분 특정한 연구자들에 의해서 연구가 진행되고 있다. 그래서 그 내용들이 답습되거나 중복된다. 이는 한국 도가를 연구하는 연구자의 숫자가 매우 부족함에서 기인한다. 『순언』을 제외하고는 연구 편수가 대체로 부족한 상황이다. 홍석주의 『정로』에 대한 연구는 소수의 연구자에 의해 몇 편에 논문만 발표되어 연구사를 정리 못할 정도이다. 이는 조선 시대 장자 주석서에도 동일하다.

앞으로 조선 노자와 장자 연구를 위한 제언하자면, 연구 주제를 다양화할 필요가 있다. 본체론, 수양론이 주를 이루고, 여기에 경세론(經世論) 정도를 주제로 삼고 있을 뿐이다. 이제 새로운 시각과 연구방법론을 적용하여 이들 텍스트를 재해석할 필요가 있다. 이를 위해 주석자의 문집과 노자 장자의 주석을 교차 · 검토할 필요가 있다. 이는 주석자의 철학적 지향과 체계 속에서 노자와 장자 주석이 갖는 의미를 고찰하게 할 것이다. 대부분의 연구는 이 점에서 소홀함이 나타난다.

또한 조선시대 노자 장자 주석서가 갖는 특징들에 대한 해명이 전반적으로 부족하다. 이를 위해 도가철학사 전반과 조선의 주석서를 비교하는 통시적 방법과 현대 중국과 일본에서 진행되는 노자와 장자에 대한 연구 경향을 검토하고, 이를 한국의 노자와 장자에 대한 연구 경향과 비교하는 공시적 방법이 동시에 진행될 필요가 있다. 가령 통시적인 방법으로 도가철학에서 주요한 개념어들인 도, 자연, 덕, 무극 등의 개념을 추출하고, 이들 개념이 역사적 흐름에서 내포와 외연이 어떻게 변해 가는지를 축으로 놓고 조선시대 학자들의 노자와 장자 주석에서 이들 개념을 찾아 비교하는 방법이 있을 것이다. 공시적으로 중국과 일본 학자들의 노장 연구물들을 데이터하고 이들의 연구 경향과 주제를 기준으로 조선시대 노자와 장자 주석서의 주제를 발굴하며, 중국과 일본의 연구 경향과 비교하여 기존 한국학자들의 조선시대 노장 주석서 연구를 견주어 보는 것이다.

이러한 통시적 공시적 연구는 '벽이단론'과 '이유석노'의 입장에 갇힌 조선시대 노장 연구의 한계를 극복하게 할 뿐만 아니라, 다른 나라 학자들의 도가 연구의 흐름과 궤적으로 같이하면서 조선시대 학자들의 노자와 장자 주석에 대한 새로운 주제의 발굴과 연구 경향을 정립하게 할 것이다.

다음은 연구의 범위와 대상에서 외연을 넓히는 것이다. 『한국문집총간』 등에서 노자와 장자 관련된 논설과 유선시(遊仙詩) 등을 모으고, 이를 연구하는 외연의 확장이 필요하다는 것이다. 이들 노자와 장자 관련 논설과 유선시는 단일 작품으로서 그 분량이 적은 점은 있지만, 이를 특정한 시대와 주제로 모아 연구한다면, 새로운 시각과 주제를 얻을 것으로 보인다.

마지막으로 10년 단위로 연구 경향들을 정리는 연구사 정리 논문이 작성되고, 그간의 연구를 수집 정리하여 목록화 작업도 지속되어야 한다. 이는 해당 학술단체에서 진행할 수 있을 것이다.

보론: 조선시대 노자 주석서에 대한 연구의 경향

(1) 『순언(醇言)』

율곡 이이의 저작으로 알려진 『순언』[23]은 유가와 도가 사상을 회통하려 시도한 노자 주석이다.[24] 『순언』을 다룬 연구들은 그 주제가 "도체론"과 수양론, 경세론, 윤리관 등이 주를 이룬다. 이러한 관점으로 『순언』의 연구 동향과 과제를 제시한 이종성의 논문이 있다. 이종성의 논문은 『순언』에 관한 최초의 논문인 김길환의 「율곡

---

[23]. 『순언』에 대한 연구는 1976년 김길환의 「율곡의 노자관」으로부터 송항룡, 감낙필, 김백현, 윤천근, 이종성 등에 의해 소논문들이 발표되었고, 이후 김석중, 김학재 등의 학위논문이 발표되었다. 이 책에 대한 번역서 역시 이주행, 김학목, 유성선 등에 의해 3종이 발간되어 있다.

[24]. 『순언』을 유가와 도가의 회통론으로 본 시각은 송항룡의 「율곡 이이의 노자연구와 도가철학이해」(현담 유정동 박사 화갑기념논총」, 1981)와 윤천근의 「이이의 『순언』에 나타난 철학사상」(「이이의 『순언』에 나타난 철학사상」, 『제3회 한국철학자 연합학술대회 대회보』, 1990), 정륜의 「『순언』의 체용론적 구조」(범한철학」, 제27집, 범한철학회, 2002) 등이 있다.

의 노자관」(『한국학보』, 제5집, 일지사, 1976)으로부터 최근의 연구 경향까지를 포괄하면서, 도체론, 수양론, 경세론, 윤리관으로 주제를 나누어 기존의 연구를 분석하고 있다. 또한 이 논문은 해외에 소개된 『순언』의 사상, 학위논문, 『순언』의 번역서, 남은 과제 등으로 목차를 구분하여, 『순언』에 대한 연구와 번역, 해외 소개까지 충실히 다루고 있다.

이밖에 『순언』을 다룬 논문에는 송항룡, 조민환의 "조선조 노장 주석서 연구(1)"와 이강수의 "율곡의 『순언』과 조선조의 도가사상", 이선경의 "수양의 관점에서 본 율곡의 『순언』이해 등이 있다.

송항룡과 조민환의 논문[25]에서는 율곡의 주석은 주자의 사상을 중심으로 하되, 여러 유학자의 학설을 원용해 『노자』를 풀이한 것이라고 본다. 이는 전형적인 '이유석노(以儒釋老)'에 해당한다고 보았다. 이이가 노자를 이유석노의 관점으로 해석한 것은 노자의 사상과 유가의 사상이 하나로 관통되는 것임을 해명하기 위한 것이라고 본다. 그래서 노자의 상달처는 유가의 상달처와 다른 것이 아니라고 해석한다는 것이다.

이강수[26]는 『율곡전서』에서 노장(老莊)의 사유를 찾아내고, 『순언』을 논의한다. 율곡은 유가의 수기치인(修己治人)의 관점에서

---

25. 송항룡, 조민환, 앞의 논문.
26. 이강수, 「율곡의 『순언』과 조선조의 도가연구」, 『율곡사상연구』 제13집.

그것에 부합하는 글을 뽑았으며, 수기치인의 관점에서 노자를 해석하고 있다고 해석한다. 이 역시 '이유석노'의 입장을 벗어난 것이 아니라고 본다.

이선경[27]은 『순언』을 수양론의 관점에서 접근하여 수양의 목표를 도체(道體)와 심체(心體)로 보고 수양의 방법으로 무위(無爲)를 상정하며, 수양의 공효는 무불위(無不爲)로 보아 성치(聖治)와 치인(治人)의 완성을 추구했다고 해석한다. 이선경은 유가의 사상과 도가 사상의 회통이라는 관점에서 『순언』을 파악한다.

(2) 『신주도덕경(新註道德經)』

박세당의 『신주도덕경』에 대한 연구는 김경탁의 「박세당의 노장학」(『중국학보』 제10권, 한국중국학회, 1969)으로부터 시작되어 현재까지 10여 편을 상회한다.[28] 박세당의 『신주도덕경』에 대한 연구

---

27. 이선경, 「수양의 관점에서 본 율곡의 『순언』이해」, 『한국철학논집』 제18집, 2006.
28. 박세당의 노자이해에 대한 연구로는 송항룡, 『한국도교철학사』, 성균관대 대동문화연구원, 1987; 송항룡, 「서계 박세당의 노장연구와 도가철학사상」, 『대동문화연구』 제16편, 1982: 조민환, 『유학자들이 보는 노장철학』, 예문서원, 1996.;조민환, 「서계 박세당의 『장자』이해1」, 『철학』 제47집, 1996.; 조민

의 경향은 탈주자학적 경향 속에서 체용론으로 노자를 해석한다는 점에서 대체로 일치한다. 이는 박세당이 『사변록』을 통해 주자학적 페러다임을 정면으로 비판하고, 그가 사문난적이라는 죄명으로 죽임을 당했기 때문에 탈주자학적 경향을 띠고 있으며, 그러한 경향에서 시대적 상황과 결부시켜 노자를 이해했다고 보는 것이다.

박세당의 노자 이해에서는 대부분 학자가 체용론의 관점에서 접근한다. 송항룡은 박세당이 노자의 도와 명, 유와 무를 이기(理氣)로 파악하기에, 박세당의 도가철학은 유가철학과 그 근본에 있어서 별개의 것이 아니라고 본다. 결국 유가와 같이 수기치인하는데, 그 목적이 있다고 보았다.

최일범은 유무론에 집중하면서 도와 명, 유와 무를 이원화하여 파악하는데, 박세당은 유무를 서로 의지하면서 바탕으로 삼는 상의상자(相依相資)의 체용론으로 파악한다고 본다. 이는 일종의 원융적 세계관의 표현이자 박세당은 당시의 주자학의 경직성을 노

환, 「박세당의 『노자』이해1」, 『철학』 제50권, 1997:최일범, 「박세당의 유무론」, 『도교학연구』, 제13호, 1994.:최일범, 「한국 도가철학의 현실대응 방향과 그 사상사적 영향」, 『국민윤리연구』 제36호, 1997: 이종성, 「서계 박세당의 『신주도덕경』에 있어서 노자관」, 『동양철학연구』 제16집, 1996.:조한석, 「도가사상의 유가적 변용」, 『도교문화연구』 제23집, 2005.:조한석, 「박세당의 장자해석의 사상사적 의거」, 『한국사상사학』, 2005.: 이희재, 「박세당의 『신주도덕경』연구」, 『서지학연구』 제23집, 2002. 등이 있다.

자, 장자의 무위의 철학을 통해 해체하고 새로운 학풍을 진작하였다고 보았다.

이종성은 박세당의 『신주도덕경』은 그의 유학적 학문관이 투영된 노자해석의 결과물이라고 단언한다. 즉, 유가 사상과 도가 사상을 회통시키고자 하지만, 그 중심은 유학이었다고 본다.

조민환은 박세당의 노자 이해를 '이유석노'의 입장으로 본다. 박세당이 노장철학에서 가장 핵심이 되는 개념인 도와 유무 개념을 인식론상의 진위(眞僞)로 파악하고, 체용론적으로 해석함으로써 17세기 격변하는 시류에 맞서 조화와 회통이라는 포괄적인 인식론을 세웠다고 본다.

(3) 『도덕지귀(道德指歸)』

서명응의 『도덕지귀』에 대한 연구논문들[29]은 대부분 서명응이

---

29. 서명응의 『도덕지귀』를 직접적인 대상으로 한 논문들은 다음과 같다. 이강수, 「서명응의 노자이해」, 『동방학지』 62, 연세대학교 국학연구원, 1989; 송항룡, 「보만재 서명응의 노자연구와 도가철학」, 『한국도교철학사』, 성대 대동문화연구원, 1978; 유성태, 「서명응의 도가사상」, 『한국사상사』, 원광대학교 출판국, 1991; 조민환, 「서명응의 『도덕지귀』에 관한 연구」, 『동양철학16집』, 2002; 김학목, 「『도덕지귀』 편제에 나타난 보만재 서명응의 상수학」, 『철학연

역리(易理)의 관점에서 노자를 이해한다는 점에 동의한다. 역리의 관점이란 상수역학의 관점으로 노자를 이해한다는 의미이다. 또한 주렴계의 『태극도설』과 연관 지어 노자를 이해한다는 점에 대해서도 대체로 동의한다. 마지막으로 서명응은 노자를 도교적 수련으로 이해하기도 한다. 이는 만고단경왕古丹經王이라는 『참동계』의 연단술이 노자의 사유에 근거하고 있기 때문이라고 보는 그의 시각에 기초한 것이다.

이러한 다양한 관점을 하나로 묶어서 볼 수 있는 것은 그의 선천학(先天學)이라는 관점 때문이다. 서명응의 선천학은 공자와 맹자 이전의 학문이 분화되기 이전 시기를 의미하고, 이 선천학은 도교의 은일자로도 전수되었기 때문에 선천학의 회복은 유가와 도가의 구분이 없는 상태의 학문이 된다. 노자가 선천의 시대와 멀지 않아서 역의 이치를 가장 잘 드러내는 것이라는 평가에서도 보인다.

서명응의 『도덕지귀』 연구에서 조민환은 서명응이 역리로써 노자를 이해했으며, 그의 태극에 대한 이해도 주자의 이해가 아닌, 주렴계의 「태극도설」의 본의에 충실한 이해를 보여준다고 한다.

구」 64집, 2004; 김경수, 「道德指歸를 통해 본 서명응의 도덕경 이해」, 이봉호, 「서명응의 道德指歸에 나타난 易理와 內丹思想의 一致」(이상 『한국사상과 문화』, 2003), 이봉호, 「서명응의 先天學 체계 속의 老子」, 『도교문화연구』, 한국도교문화학회, 2004; 김윤경, 「서명응의 노자 사상에 관한 연구」, 성균관대학교 석사학위논문, 2003.

조민환은 서명응이 말한 태극은 음양과 결부되어 말해지기에, 노자의 도는 태극과 음양이 종합된 운동변화의 원리라고 본다. 이 점이 주자가 노자의 도를 태극(=리)이라고 본 것과 다른 점이라고 보았다.

김윤경은 서명응의 태극 개념을 본체론으로 해석하면서, 무극과 태극은 일원적으로 해석되고, 체용론적으로 해석되며 태극으로 본체의 실체성과 변화의 주제성을 동시에 드러낸 것으로 이해한다. 또한 이기론의 틀로 보면, 이가 기속에 깃들어 있어 활동하는 기의 현실성을 강조한다고 본다.

김윤경의 이해는 서명응의 사유에서 성리학의 체용론과 이기론이 분명하게 드러나지 않는다는 점에서 수용하기 어렵다. 서명응에게서 이란 기의 조리(條理)일 뿐, 실체화된 이기론이 분명하게 성립되어 있지 않다. 또한 체용론 조차도 분명하지 않다.

(4) 『초원담로(椒園談老)』

이충익의 『초원담로』를 다룬 논문들[30]은 대체로 강화학파와 실

---

30. 이충익의 『초원담노』를 직접적인 대상으로 한 논문들은 다음과 같다. 금장태, 「담로와 이충익의 『노자』이해」, 『한국유학의 『노자』이해』 서울대출판부,

학의 관련성을 주목하면서, 반학(仮學)에 대한 실학이라는 강화학파의 전반적인 특성으로 접근하거나, 이충익의 사상적 연원을 양명학과 불교에 두고서 성리학적 세계관을 벗어나 새로운 세계관을 모색하고자 하는 측면에서 노자를 주석했다고 본다. 또한 양명학의 도교적 수양론을 비판하고 『도덕경』의 처세술 내지 정치를 권모술수로 보는 견해를 비판하는 시각에서 『초원담로』에 접근한다. 『초원담로』의 핵심 내용을 유무의 문제로 보고, 이를 중심으로 이충익의 노자관을 다루기도 한다.

김학목은 이충익의 『초원담로』는 주자의 성리학은 물론 원시 유학마저 부정하게 되니, 조선시대 『도덕경』 주석에 있어서 『초원담로』는 최종 귀착점이고 정점이라고 본다. 그는 이충익의 개인적 삶의 곤궁함에서 『도덕경』 주석을 통해 새로운 세계를 갈망하고, 고

2006; 김학목, 「이충익의 초원담로연구」, 『인천학연구2-2, 2003; 김학목, 「강화학파의 『도덕경』 주석에 관한 고찰」, 『동서철학연구』 제34호, 한국동서철학회, 2004; 김윤경, 「이충익의 『초원담로』에 드러난 유무관」, 『도교문화연구』 28, 2008; 김윤경, 「하곡학파 『노자』 해석에 관한 연구」, 성균관대박사학위 논문, 2009; 민홍석, 「이충익의 『초원담로』에 나타난 노자관일고」, 한국양명학회, 2009; 조남호, 「이충익의 노자이해」, 『한국양명학회 학술대회 논문집』, 2007; 조남호, 「이충익의 양명학적 사고」, 『양명학』, 2008; 조남호, 「이충익의 노자이해」, 『인문학연구』, 경희대 인문학연구소, 2009;김형석, 「강화학파 이충익의 『초원담로』에 나타난 형이상학구조에 관한 연구」, 『양명학』 제30호, 한국양명학회, 2011; 김형석, 「이충익 『초원담로』의 수양론 체계에 관한 연구」, 『선도문화』 제14권, 2013.

달픈 삶의 위안으로 삼았다고 보았다. 그러나 김학목이 든 근거는 논리적으로 타당하지 않다. 이는 이충익의 학문적 지향이나 문제 의식을 사장하고 개인의 자기만족으로 해석하는 잘못된 결론을 도출하고 만 것이다.

주목할 연구들은 이충익의 『초원담로』에서 유무관에 집중한 연구들[31]이다. 이는 위진현학 시기의 귀무론과 숭유론을 넘어서는 유무관을 확립했다는 것이다. 위진현학에서 유무론은 서로 상대적이고 대립적인 개념이라면, 이충익의 유무론은 하나의 통일된 진정한 실체의 일원적 개념이라고 해명해 낸다. 이충익은 상유, 상무로서 진정한 유무는 상대적 개념이 아니라 유와 무는 상인(相因), 상즉(相卽)의 관계를 이루는 하나의 존재임을 해명한다는 것이다.[32]

이충익의 『초원담로』의 수양론에 관한 연구는 김형석에 의해 시도되었는데,[33] 그는 수양의 목표인 본진(本眞) 또는 본원(本源)

---

31. 김윤경, 「이충익의 『초원담로』에 드러난 유무관−왕필 『노자주』와의 비교를 중심으로−」, 『도교문화』 제28집』, 도교문화학회, 2008.;민홍석, 「이충익의 『초원담로』에 나타난 노자관 일고−유무의 문제를 중심으로−」, 『양명학』 제22호, 한국양명학회, 2009.

32. 민홍석, 「이충익의 『초원담로』에 나타난 노자관 일고−유무의 문제를 중심으로−」, 『양명학』 제22호, 한국양명학회, 2009.

33. 김형석, 「이충익의『초원담로』의 수양론 체계에 관한 연구」, 『선도문화』 제14권, 2013.

을 회복하는 방법으로 이충익은 반본(反本), 귀본(歸本), 반호자연 (反乎自然), 환원반본(還元反本)을 해명하고 있다. 구체적인 수양의 방법에서는 불유기신(不有己身), 망형유조(忘形有照)라고 표현되며, 이는 자기에게 몸이 있다는 것을 인식하지 않음이며, 그런 후에야 사대육근이 비로소 각각 부여받은 하늘로 돌아가 몸으로써 몸을 봄을 달성할 수 있다고 본다. 이는 개체의 자아의식을 초월하고 생사에 초연한 마음 상태를 나타낸다고 본다. 이 논문은 이충익의 『초원담로』에 대해서 수양론이란 관점을 제기하면서 『초원담로』의 연구 주제를 확장했다.

(5) 『정노(訂老)』

홍석주는 기존의 노자 이해가 노자의 본래 모습이 아니라고 보고, 노자의 본지를 밝히고자 『정로』를 쓴다. 기존 연구자들의 노자 이해란 형명가(刑名家), 병가(兵家), 양생가(養生家), 청담가(清談家)의 관점에서 노자를 이해하였다고 보았다. 그래서 홍석주는 노자사상을 무조건 이단으로 배척하는 것을 비판하면서, 노자사상의 본지를 정확하게 이해하고자 노력하였다.

홍석주의 노자 이해에는 아직 많은 연구가 누적되지 않은 상태

이며, 특정인들에 의한 연구가 주를 이룬다.[34] 홍석주 연구에서
가장 많은 논문을 발표한 조민환의 연구에 따르면, 홍석주의 노자
이해의 특징은『중용』과『주역』, 이학(理學) 등의 관점에서 자연의
도와 인륜의 도는 별개의 것이 아니라는 견해를 밝힌다. 홍석주가
노자의 도를 자연지도로 이해할 때, 그 도는 유가의『주역』이나『중
용』에서 말하는 무성무취(無聲無臭)로서의 인식 불가능한 도와 별
반 다를 것이 없고, 차이가 있다면 유가는 이를 강조하고 도가 사
물에 내재한다고 보는 사유라고 할 수 있다고 한다. 또한 홍석주는
기본적으로 자연의 도도 중요하지만, 인륜의 도도 놓쳐서는 안 된
다고 본다.

　홍석주의 노자 이해에는 그간의 연구가 미진한 측면이 있기에,
홍석주에 관한 연구가 다양한 시각에서 활발하게 이루어져야 할
것이다.

---

34. 홍석주의『정로』에 대한 연구는 조민환과 김학목에 의해 주도되고 있다. 김
학목,「연천 홍석주가『도덕경』을 주석한 목적」,『철학연구』제60집, 2003.; 조
민환,「홍석주『정로』에 나타난 도론」,「홍석주『정로』에 나타난 도론」,『동양철
학연구』38, 동양철학연구회, 2004.; 조민환「홍석주의 노자사상이해」,『시철
논단』, 1996.

참고문헌

『정노』

『초원담로』

『도덕지귀』

『신주도덕경』

『순언』

『동문선』

『경서』, 성균관대학교 대동문화연구원.

『三峯集』, 한국문집총간5, 민족문화추진회.

한국철학사상연구회 지음, 『강좌 한국철학』, 예문서원, 1995.

금장태, 『한국유학의『노자』이해』, 서울대출판부, 2006.

송항룡, 『한국도교철학사』, 성대 대동문화연구원, 1978.

유성태, 『한국사상사』, 원광대학교 출판국, 1991.

이광세 외 지음, 『이강수 읽기를 통해 본 노장철학연구의 현주소』, 예문서원, 2005.

조민환, 『유학자들이 보는 노장철학』, 예문서원, 1996.

김경수, 「道德指歸를 통해 본 서명응의 도덕경 이해」, 『한국사상과 문화』, 2003.

김시천, 「이이의『순언』과 이단의 문제」, 『시대와철학』23권 1호, 2012.

김윤경, 「이충익의『초원담로』에 드러난 유무관─왕필『노자주』와의 비교를 중심
    으로─」, 『도교문화』제28, 도교문화학회집』, 2008.

_____, 「하곡학파『노자』해석에 관한 연구」, 성균관대박사학위 논문, 2009.

김학목, 「연천 홍석주가『도덕경』을 주석한 목적」, 『철학연구』제60집, 2003.

_____, 「이충익의 초원담로연구」, 『인천학연구 2─2, 2003.

_____, 「강화학파의『도덕경』주석에 관한 고찰」, 『동서철학연구』제34호, 한국
    동서철학회, 2004.

김형석, 「강화학파 이충익의『초원담로』에 나타난 형이상학구조에 관한 연구」,
    『양명학』제30호, 한국양명학회, 2011.

_____, 「이충익『초원담로』의 수양론 체계에 관한 연구」, 『선도문화』제14권,
    2013.

민홍석, 「이충익의『초원담로』에 나타난 노자관 일고─유무의 문제를 중심으

로-」, 『양명학』 제22호, 2009.

송항룡, 「서계 박세당의 노장연구와 도가철학사상」, 『대동문화연구』 제16편, 1982.

_____, 「율곡 이이의 노자연구와 도가철학이해」(현담 유정동 박사 화갑기념논총」, 1981

윤천근, 「이이의 『순언』에 나타난 철학사상」, 『제3회 한국철학자 연합학술대회 대회보』, 1990.

이강수, 「서명응의 노자이해」, 『동방학지』 62, 연세대학교 국학연구원, 1989.

_____, 「율곡의 『순언』과 조선조의 도가연구」, 『율곡사상연구』 제13집, 2006.

이봉호, 「서명응의 道德指歸에 나타난 易理와 內丹思想의 一致」, 『한국사상과 문화』, 2003.

_____, 「서명응의 先天學 체계 속의 老子」, 『도교문화연구』, 한국도교문화학회, 2004.

이선경, 「수양의 관점에서 본 율곡의 『순언』이해」, 『한국철학논집』 제18집, 2006.

이종성, 「서계 박세당의 『신주도덕경』에 있어서 노자관」, 『동양철학연구』 제16집, 1996.

이희재, 「박세당의 『신주도덕경』 연구」, 『서지학연구』 제23집, 2002.

정 륜, 「『순언』의 체용론적 구조」, 『범한철학』, 제27집, 범한철학회, 2002.

조남호, 「이충익의 양명학적 사고」, 『양명학』, 2008.

_____, 「이충익의 노자이해」, 『인문학연구』, 경희대 인문학연구소, 2009.

조민환, 「홍석주 『정로』에 나타난 도론」, 『동양철학연구』 38, 동양철학연구회, 2004.

_____, 「홍석주의 노자사상이해」, 『시철논단』, 1996.

_____, 「서명응의 『도덕지귀』에 관한 연구」, 『동양철학16집』, 2002.

_____, 「서계 박세당의 『장자』이해1」, 『철학』 제47집, 1996.

_____, 「박세당의 『노자』이해1」, 『철학』 제50권, 1997.

조한석, 「도가사상의 유가적 변용」, 『도교문화연구』 제23집, 2005.

조한석, 「박세당의 장자해석의 사상사적 의거」, 『한국사상사학』, 2005.

최일범, 「박세당의 유무론」, 『도교학연구』, 제13호, 1994.

_____, 「한국 도가철학의 현실대응 방향과 그 사상사적 영향」, 『국민윤리연구』 제36호, 1997.

푸코의 담론이론에 따라 읽은 '闢異端論'과 '以儒釋老'

05

1. 동일성의 놀이(jeu de l'uniformité)

어떤 사회에서든 담론의 생산을 통제하고, 선별하고, 조직화하고 나아가 재분배하는 일련의 과정들—그의 힘들과 위험들을 추방하고, 그의 우연한 사건을 지배하고, 그의 무거운 위험한 물질성을 피해가는 역할을 하는 과정들—이 존재한다.

— 미셸 푸코, 《담론의 질서 L' Ordre du Discours》

필자는 〈조선시대 노자 주석의 연구 경향과 전망 − '벽이단론(闢異端論)'과 '이유석노(以儒釋老)'라는 관점으로〉[1]라는 글을 통해, 조선시대 유학자들의 노자 주석의 경향과 그에 대한 현대 학자들의 연구 흐름을 정리했었다. 현대 학자들의 연구에서 조선시대 노자 담론은 '벽이단론'에서 '이유석노'의 관점으로 이어지는 흐름을

---

1. 이봉호(2016). 「조선시대 노자주석의 연구 경향과 전망−'闢異端論'과 '以儒釋老'라는 관점으로」(『동양철학』 제45호).

확인할 수 있었다. 아울러 이 논문에서 조선 유학자들의 노자 담론에서 나타나는 '벽이단론'에서 '이유석노'로 이어지는 하나의 관점, 다시 말해 벽이단론과 이유석노를 연결시키는 논리가 명확하지 않음을 지적했었다. 필자는 위의 논문에서 선행연구를 검토하면서 조선시대 유학자가 벽이단론의 입장에서 서 있으면서도 노자를 주석하는 경우 그 핵심 내용이 명확하게 설명되지 못하는 점, 이유석노가 개념어로서 성립하는지에 대한 검토를 거쳐서 벽이단론에서 이유석노로 이어지는 논리적 근거가 해명되지 못함을 밝혔다.[2]

'벽이단론'과 '이유석노'를 연결시키는 논리가 불명확한 이유가 무엇일까? '벽이단론'과 '이유석노'는 전혀 다른 지평에서 논의되는 노자 담론이어서 동일한 범주로 분류될 수 없는 것일까? 다시 말해 공자에 의해 제기된 이단론이 맹자와 주희(의 담론)[3]에게서 벽이단론으로 전개되듯이, 벽이단론이 그 자체로 유교의 하위 과목

---

2. 위의 논문 "2장 조선시대 유학자들의 '闢異端論'과 그에 대한 해석"과 "3. '以儒釋老' 혹은 '脫朱子學'이라는 해석틀"을 참조하라.

3. 푸코의 담론이론에서 '저자'는 글을 쓴 사람을 의미하지 않는다. 푸코는 저자의 기능을 네 가지로 구분한 다음에, 담론의 영역을 둘러싸고 일어나는 법적, 제도적 체계이자. 담론을 가능하게 하는 것, 다시 말해 담론 자체를 의미한다고 말한다. 이처럼 푸코의 논리에 따르면 '맹자와 주희의 담론'이 정확한 표현이다. 하지만 표현에서 편의를 위해 '(의 담론)'으로 표현한다. 이하도 마찬가지이다. 미셸 푸코, 권택영 옮김(1993), 「저자란 무엇인가」, 『현대시사상 : 저자의 죽음』, 83쪽 참조.

이 되고, 유교의 관점에서 노자를 해석하는 이유석노의 관점도 벽
이단론과 무관한 그 자체로 유교의 하위 과목이 되는 것일까? 벽
이단론과 이유석노를 연결시키는 논리가 불명확한 것이 '이유석노'
라는 용어가 현대 학자에 의해 만들어져 한국과 중국 유학자들이
생산한 노자 담론 일반에 적용되었기 때문일까?[4]

이 질문들에 대한 필자의 대답은 '아니다'이다. 송대 이학자(理
學者)들이 벽이단론을 펼치면서도 노자의 담론을 이용해 이학(理
學)의 우주론을 형성-보유론-하거나, 주희의 경우처럼 짧은 노
자 주석을 남기면서 유교의 이론과 노자의 이론을 일치-회통론-
해내거나 혹은 비판하는 경우[5] 등에서, 우리는 이유석노의 관점을
확인할 수 있기 때문이다. 그렇다면 벽이단의 논리에서 이유석노
의 논리로 이어지는 담론의 흐름을 설명할 수 있어야 한다.

이 문제를 해결하기 위해 푸코의 담론이론을 적용해 보고자 한
다. 푸코의『담론의 질서(L' Ordre du discours)』에서 보이는 배제의
논리에 따라 벽이단론과 조선시대 유학자들의 노자 담론을 재해석
하고자 한다. 푸코가 제시한 배제의 논리를 벽이단론과 이유석노

---

4. '이유석노'라는 개념틀은 현대 중국학자들(대표자는 嚴靈峰이다)이 송대 이
   학자들이 노장을 해석하는 경향을 지칭하기 위해 사용한 개념이다. 김길환에
   의해 한국에서 처음으로 사용되었다.
5.『朱子語類』권125는 모두 도가와 관련된 주희의 언설이다.『주자어류』권125
   에는「老子書」제목의 간략한 노자 주석이 있다.

에 적용하면, 조선시대 유학자들의 노자 이해를 하나의 흐름으로 이해할 수 있다. 조선시대 유학자들의 노자 담론은 벽이단론에 기초한 이유석노의 흐름이며, 이는 푸코가 정의한 '동일성의 놀이(jeu de l'uniformité)'[6]에 해당함이 드러나기 때문이다.

푸코는 한 사회의 담론을 둘러싸고 벌어지는 정치적 힘들의 관계-담론이 권력이므로-는 담론의 내부이든 외부이든 배제(exclusion)의 과정이 존재한다고 본다. 한 담론의 외부 담론에서 행사되는 배제는 금지(interdit), 분할(partage)과 배척(reject), 진위의 대결(l'popposition du vra et faux)으로 이루어지고, 한 담론의 내부에서 행해지는 배제는 주석(notes), 저자(auteur), 과목들(Sujets)의 과정을 거친다[7]고 한다. 특히 한 담론의 내부에서 행해지는 배제는 그 담론에서 일어날 수 있는 사건과 우연을 제한하고 지배하고자 '동일성의 놀이'의 방식으로 진행된다고 말한다.[8] 다시

---

6. 푸코는 '주석'이라는 방식을 통해 담론을 반복하고 담론을 동일자의 형태를 지니게 하는 원리를 동일성의 놀이라고 한다. 이 동일성의 놀이를 통해 담론의 우연성을 제한한다고 한다. 미셸 푸코 지음, 이정우 옮김(1995), 『담론의 질서(L' Ordre du discours)』, 28쪽 참조.
7. 미셸 푸코(1995), 위의 책, 15~17쪽 참조.
8. 배제(exclusion)라는 용어가 담론의 내부와 외부에 동시에 사용됨으로서 독자에게 헷갈리게 이해될 수 있다. 외부 담론에 대한 배제는 쉽게 이해할 수 있지만, 내부의 배제는 이해가 어렵다. 내부에서 배제는 자체 담론이 그 담론의 논리를 벗어날까봐, 담론 자체에 균열을 내는 우연과 사건이 일어날까봐, 그

말해 담론의 내부에서 배제는 그 담론에서 벗어나는 사건들, 그 담론을 넘어서는 우연들을 통제하는 방식으로 일어난다.

필자는 푸코의 담론이론에서 내·외부에서 행해지는 배제의 과정을 조선시대 유학자들의 노자 담론에 적용하고자 한다. 푸코의 담론이론을 적용하면, 벽이단론과 이유석노의 관점에서 주석한 조선 유학자들의 노자 담론이 하나의 흐름으로 드러나며, 그 흐름은 '동일성의 놀이'임이 해명될 것이다. 필자가 이러한 관점을 견지하는 것은 조선시대 유학자들의 노자 담론이 노자에 대한 관심에서 출발해 노자를 연구한 것이 아니며, '동일성의 놀이', '담론의 경찰'[9]에 의해 철저하게 통제되고 관리하에 생산된 담론으로 보기 때문이다.

아울러 이 논문에서는 조선시대 유학자들의 노자 주석을 분석하지는 않는다. 앞에서 언급한 필자의 논문에서 그와 관련된 내용을 다루었기 때문이다.

러한 일들을 배제하는 것이다.
9. 푸코는 대상에서의 금기, 상황에서의 관례, 말하는 주체에서의 특권적인 또는 배타적인 권리를 '금지의 놀이'에 속하는 세 가지 유형으로 본다. 미셸 푸코(1995), 앞의 책, 32쪽.

2. 저자의 원리(Principe de l'auteur)

조선에서 노자는 이단으로서 금서로 지정되고, 그에 대한 자
유로운 담론을 형성하는 것이 불가능했다. 선조 33년(1600년) 4
월 19일 기사에는 노장(老莊)의 말을 인용해 과거 답안지를 작
성한 사례를 두고, 선조와 신하들 간의 논의가 보인다. 그 논의
의 결론은 시문(詩文)에서 노장을 인용하는 것은 괜찮지만, 다
른 방식으로 생산되는 노장 담론은 허락되지 않았다.[10] 이는 노
자에 대해 말하는 것이 금지(interdit)된, 노자라는 대상에서 금기
(contraindication)라는 딱지를 붙이는 행위인 '금지의 놀이(jouer à
un jeu interdit)'[11]에 해당한다. 금지의 놀이는 당연히 배척(reject)
이라는 과정으로 연결될 것이다. 왜냐하면, 노자의 언설은 공동체
의 질서를 해치는 위험한 담론이기 때문이다.

---

10. 『선조실록』, 선조 33년(1600년) 4월 19일 기사에는 이함(李涵)이 장자를 인
    용해 과거 답안지를 작성해 합격한 것을 두고, 논란을 벌인 내용이 나온다.
11. 미셸 푸코 같은 책(1995), 앞의 책, 16쪽.

푸코가 말하듯이 담론에서 배제의 외부적 과정들은 금지, 분할
과 배척, 진위의 대결이라는 과정을 거친다. 노자를 금서로 규정
하는 일은 그 대상에 대해 언설하는 것을 금지하거나, 그 대상만을
나누어 떼어 낸[분할] 뒤 배척해 내는 일에 해당한다. 선조 33년 4
월 19일 기사는 국가의 정책에 의해 결정된 노자 금지의 담론이
다.[12] 이는 유교 담론과 노자의 담론에 대한 분할과 배제의 적용
이 그대로 드러난다.

　조선시대에서 노장이 이단으로 배척되는 데는 주희의 담론이
'저자'로서 역할을 했다. 『논어/위정편』, "子曰攻乎異端, 斯害也
已."라는 문장에 대해서 주희는 "오로지 연구해서는 안 될 뿐만 아
니라 대충 이해해서도 안 된다. 만약 자기의 학문이 정립되었다면
이단의 문제점을 보는 것은 그래도 괜찮다"[13]라고 주석한다. 주희
의 이 말은 유교에 대한 확고한 입장과 이론이 정립되었을 때나 이
단 담론의 문제점을 살펴볼 수 있다는 주장이다. 주희의 이 말이

---

12. 물론 조선시대 유학자들의 노자 주석은 현재까지 5종이 발굴되었고, 이에
　　대한 연구도 진행되고 있다. 노자가 이단서임에도 주석서가 나타나는 것은
　　주희의 짧은 노자 주석서 때문이다. 푸코의 담론이론에서 주석의 원리는 담
　　론의 대상과 영역을 규정하는 것이다. 주희가 남긴 노자 주석은 조선 유학자
　　들이 노자 주석을 남길 수 있는 원리가 된다.
13. 『論語/爲政』, "子曰攻乎異端 斯害也已"에 대한 소주: 不惟說不可專治 便
　　略去理會他也不得 若是自家學有定止去看他病通却得

의도하는 바는 유교에 대한 이론적 정립이 되지 않았거나 신념화되지 않은 사람이 이단 담론을 연구할 경우 발생할 다양한 경우의 수를 방지하고자 하는 의도이다.

다른 한편 주희는 '이단 담론은 기본적으로 문제적이다'라는 의도를 내보인다. 주희의 이 말은 그 기원이 공자이지만, 공자 이후 이 언설은 유학자들의 공통된 입장이 된다. 주희의 이단 담론에서 '이단의 문제점'이라는 용어는 공자의 '해롭다[斯害也己]', 맹자의 '부정한 학설이 마음과 일, 정치를 해칠 것[放淫辭 邪說者不得作 作於其心 害於其事 作於其事 害於其政]'이라는 논리의 연장선에 서 있는 것이다. '해로운 것', '부정한 학설', '문제적'이라는 표현은 다른 담론을 배제하는 '금지의 놀이'의 표현이자, 한 담론의 내부에서 행해지는 '동일성의 놀이'의 표현에 지나지 않는다.

더 중요한 문제는 공자로부터 주희에 이르는 이단 담론에서 푸코가 말한 이단 담론의 '저자'의 성격이 분명히 드러난다는 점이다. 푸코가 정의하는 바에 따르면, '저자'는 담론의 분류 원리이자, 담론의 통일성과 시원의 원리이며, 정합성의 핵이다. 저자는 담론을 분류하고, 한 담론의 기원을 형성하고, 그 담론에 통일성과 정합성을 부여하는 핵심 원리이다.[14] 이러한 저자는 하나의 텍스트를 쓴 개인을 말하는 것이 아니다. 이때의 저자는 텍스트의 저자로

---

14. 미셸 푸코(1995), 앞의 책, 27쪽 참조.

서 개인이 아니라, 한 공동체의 담론에 동일성을 부여하는 '동일성의 놀이'를 가능하게 하는 원리이다.[15]

유교에서 이단 담론의 시원성으로서 저자, 이단 담론의 분류자로서 저자, 이단 담론의 통일성과 정합성의 원리로서 저자들은 공자(의 담론)와 맹자(의 담론) 그리고 주희(의 담론)라고 할 수 있다. 공자가 이단 담론의 시원으로서 저자라면, 맹자는 공자의 이단 담론은 재해석하면서 이단에 대한 분류와 배제의 원리를 제시했다는 점에서 저자이다. 주희는 유교의 담론을 새롭게 재해석해 이학(理學)이라고 명명되는 학문으로 발전시키고, 이단 담론에서도 불교와 노장을 새롭게 추가하면서 이들 담론에 대한 분류와 시원의 원리가 된 저자이다.

유교에서 공자가 이단 담론의 시원으로서 저자이지만, 맹자와 주희는 다른 담론들에 대해 '진위의 대결'이라는 배제의 원리를 적용해 이단 담론의 저자가 된다. 맹자와 주희가 원리로서 저자인 이유는 다른 담론에 진위의 대결을 적용했기 때문이다.

『논어/위정편』, "子曰攻乎異端, 斯害也已."라는 문장에서 이단이라는 용어가 처음 등장하고, 그 주석에서 이단은 양주(楊朱)와 묵적(墨翟)으로 규정된다. 맹자가 양주의 사상은 무군(無君)의 논

---

15. 미셸 푸코(1995), 앞의 책, 28쪽 참조.

리이며, 묵적의 사상은 무부(無父)라고 규정했기 때문이다.[16] 양주와 묵적은 유교가 지향하는 주군(主君)을 높이는 존주(尊主), 조상을 높이는 존조(尊祖)의 논리를 부정하는 것[17]이기에 이단이 될 수밖에 없다. 맹자가 말하듯이, '양주와 묵적의 도가 그치지 않으면, 공자의 도가 드러나지 못할 상황'이기에, '선성(先聖)의 도를 보호하면서도, 부정한 양주와 묵적의 도를 추방하여, 더 이상 부정한 학설이 나오지 못하게', '어쩔 수 없이 자신이 변론을 하는 것'이다. 그러니 '양주와 묵적의 도를 막아내는 변론을 하는 자는 모두 성인의 무리'[18]이다.

이처럼 성인의 도(聖人之道)와 성인의 도가 아닌 것(非聖人之道而別爲一端)의 구분, 즉 담론을 분류하고. 그 구분에 기초해서 이단을 공격하는 논리는 맹자에 의해서 시작된다. 공자가 언급한

16.『孟子/滕文公章句下』, "聖王不作 諸侯放恣 處士橫議 楊朱墨翟之言 盈天下 天下之言 不歸楊則歸墨 楊氏 爲我 是無君也 墨氏 兼愛 是無父也 無父無君 是禽獸也 公明儀曰 庖有肥肉 廏有肥馬 民有飢色 野有餓莩 此率獸而食人也 楊墨之道 不息孔子之道不著 是邪說 誣民 充塞仁義也 仁義充塞 則率獸食人 人將相食."

17.『孝經/士章』"忠順不失以事其上 然後能保其祿位而守其祭祀 蓋士之孝."

18.『孟子/滕文公章句下』, "吾爲此懼 閑先聖之道 距楊墨 放淫辭 邪說者不得作 作於其心 害於其事 作於其事 害於其政 聖人復起 不易吾言矣(…) 我亦欲正人心 息邪說 距詖行 放淫辭 以承三聖者 豈好辯哉 予不得已也(…) 能言距楊墨者 聖人之徒也."

이단은 정확하게 그것이 무엇인지 알 수 없었다. 맹자에 와서야 이단에 대한 정확한 정의가 내려지고, 오도(吾道)와 이단(異端)이 구분되면서 이단에 대한 공격이론이 갖추어지는 것이다. 담론을 분류하고, 진위의 대결을 통해 이단을 규정한 저자는 맹자(의 담론)인 셈이다. 맹자(의 담론)가 이단 담론의 저자가 되기 위해서는, 그 담론이 저자로서의 원리를 갖추어야 한다. 우리는 맹자(의 담론)에서 저자의 원리를 찾아낼 수 있다. 그것은 담론을 분류하는 원리로서 성인을 제시한 것이다. 맹자(의 담론)가 제시한 성인 혹은 성인의 도(말씀)는 담론을 분류할 수 있는 근거로서 작동하고, 성인의 도는 진리인 담론, 나머지 담론은 거짓인 담론이라는 구별의 원리가 된다. 또한 '성인의 무리'라는 맹자(의 담론)의 표현은 유학자들의 담론에서 정합성을 유지하는 정합성의 원리로서 작동한다. '성인의 무리'인 군자들, 그들의 임무로서 이단을 배척하는 것, 이것들이 원리로 상정되기 때문이다.

맹자(의 담론)의 논리를 이어받은 주희(의 담론)는 노자를 이단의 범주에 집어넣는다. 노자와 양주를 엮어서 같은 사상과 신념을 가진 집단으로 규정하는 것이다.

양주의 학설이 노자와 비슷하다[19]거나, 양주가 노자에게서 배웠

---

19. 『朱子語類』 제125, 〈老氏〉, 問 : "楊朱似老子 頃見先生如此說 看來楊朱較放退 老子反要以此治國 以此取天下" 曰 : "大槪氣象相似 如云'致虛極

다[20]거나, 노자가 양주[21]라는 논리로 전개해 간다. 이러한 논리는 맹자(의 담론)가 양주를 배척한 것이 바로 노자와 장자를 배척한 것이라는 논리로 수렴된다.[22] 이제 주희(의 담론)가 노자의 담론이 양주의 담론과 같은 것이라고 주장하자, 노자의 담론 역시 양주와 마찬가지로 무부(無父)와 무군(無君)의 논리가 되었다.

주희(의 담론)가 이러한 논리를 전개한 것은 공자와 맹자(의 담론)에게서 노자가 언급되지 않지만, 노자의 말들에서 공자 혹은 유가를 공격하는 논리를 읽어냈기 때문일 것이다. 노자의 담론은 정확하게 공자의 담론과 길항관계를 유지하는 것으로 보았기 때문일 것이다.[23]

守靜篤'之類 老子初間亦只是要放退 未要放出那無狀來 及至反一反 方說 '以無事取天下' 如云'反者道之動 弱者道之用'之類"

20. 『朱子語類』 제125, 〈老氏〉, "楊朱之學出於老子 蓋是楊朱曾就老子學來 故莊列之書皆說楊朱."

21. 『朱子語類』 제125, 〈老氏〉, "人皆言孟子不排老子 老子便是楊氏."

22. 『朱子語類』 제125, 〈老氏〉, "孟子闢楊朱 便是闢莊老."

23. 공자는 붕괴되어 가는 주나라의 종법제도와 그 종법제도를 견지하던 예법을 강조하는 반면, 노자와 장자는 그 예법을 사람들을 옥죄는 생체권력(bio-power)이라고 한다. 공자가 천명과 그 섭리인 천도를 말하면, 노자는 자연으로서 천을 말하면서, 그 천의 운행으로서 도는 어떠한 가치도 없다고 말한다. 공자는 천도를 주나라의 온갖 제도와 규범의 근거로 삼지만, 노자의 도는 내용이 없는 텅 빈 도이다. 공자가 주나라의 예법으로서 제도인 명(名)을 부활시키자는 논리로 정명론(正名論)을 말하면, 노자는 그러한 예법은 영원할 수

이러한 공자와 노자의 길항관계를 읽어낸 주희(의 담론)는 노자를 이단으로 규정할 수밖에 없다. 주희(의 담론)가 양주와 노자를 등치관계로 연결시킨 의도는 노자에서 보이는 유교의 국가관과 도덕규범에 대한 부정이, 맹자(의 담론)에 의해 정리된 양주는 무군의 논리로 전개한 담론이라는 것과 연결되기 때문이다.

물론 주희(의 담론) 당시에 유교와 도교, 불교가 삼교로 정립된 정황과도 무관치 않을 것이다. 왜냐하면, 주희(의 담론)는 불교에 대해서도 두 측면이 있으며, 불교의 선학(禪學)이라는 측면은 양주의 담론에 해당하고, 고행(苦行)과 보시(普施)라는 측면은 묵적

없다는 비상명(非常名)을 말하고, 종국에는 그러한 예법으로서 제도를 없애는 무명론(無名論)을 말한다. 공자는 성인의 말을 금과옥조로 삼아 전달하는 술이부작(述而不作)의 태도를 취하면, 노자는 성인과 그 말씀, 그것을 교육하는 학교, 현인들을 끊어 없애야만 백성의 말이 자유를 얻을 것이라고 한다. 성인에 의해 형성된 규범과 제도인 예법이 모두 사라진 무명(無名)의 상태가 되어야만 백성들이 자신이 말해서 새로운 제도를 만들 것이라고 한다(百姓皆謂我自然). 공자는 천자와 제후국의 체계인 봉건제를 회복하자고 주장하는데, 노자는 작은 나라의 적은 수의 백성으로 이루어진 나라를 지향한다. 공자는 귀족들의 문화인 예와 악, 전장(典章)을 주장하고 회복하고자 하며, 백성들과 민중들을 안중에 넣지 않는다. 노자는 귀족들의 문화인 예악은 싸움의 원인일 뿐이라고 말하면서, 백성들의 말을 끌어와 '사람들이 하는 말에 따르면', '속담에 따르면'이라고 말한다. 이봉호, 「사 계급의 두 인물, 노자와 공자」, https://blog.naver.com/humanicenter.

의 논리라고 규정하고[24] 있기 때문이다. 불교의 논리가 양주와 묵적의 논리라는 주희의 주장은, 불교가 존주와 존조의 강상윤리를 해치는 것이기 때문이다. 주희(의 담론)는 불교의 학설이 양주에서 나왔다거나, 불교가 자신을 아끼지 않고 중생을 구제하는 학설은 묵적의 설[25]이라고 규정한다.

주희(의 담론)는 유교의 입장에서 노자나 불교 역시 동일한 이단 담론으로 규정한다. 왜냐하면 이들의 담론은 '해로운 것'이기 때문이다. 이 해로움은 의리나 인륜을 멸절한다는 점에서 동일하기에 이단으로 분류되는 것이다. 노장은 의리를 절멸하는 데에 미진한 점이 있지만, 불교는 인륜을 멸절해 버린다. 그렇지만 그 실질에서는 같은 것[26]이라는 주희의 생각은, 맹자(의 담론)가 제시한 저자의 원리를 따르면서 이 원리를 노자와 불교에 적용해 낸 것으로 이해할 수 있다.

주희(의 담론)가 노자의 담론을 양주에 연결하는 것을 그럴 수도

---

24. 『朱子語類』 제126, 〈釋氏〉, "今釋子亦有兩般; 禪學 楊朱也; 苦行布施 墨翟也."

25. 같은 책, 같은 곳, "佛氏之學亦出於楊氏 其初如不愛身以濟衆生之說 雖近於墨氏 然此說最淺近 未是他深處."

26. 같은 책, 같은 곳, "有言莊老禪佛之害者 日禪學最害道 莊老於義理絶滅 猶未盡 佛則人倫已壞 至禪則又從頭將許多義理掃滅無餘 以此言之 禪最爲害之深者 頃之復日 要其實則一耳 害未有不由淺而深者."

있겠다 싶지만, 불교의 담론을 양주와 묵적의 담론과 결합하는 것을 어떻게 이해할 수 있을까? 이 질문의 답은 맹자의 이단 담론에서 찾을 수밖에 없다. 맹자의 이단 담론이 바로 시원성으로서 저자, 분류자로서 저자, 이단 담론의 통일성과 정합성의 원리로서 저자이기 때문이다. 맹자의 이단 담론에서 제시된 저자로서의 원리들을 벗어나지 않고 주희(의 담론) 당시의 이단을 다루기 위해서, 주희(의 담론)는 노자와 석가를 양주와 묵적과 동일한 담론을 말한 사람으로 규정할 수밖에 없다. 이는 푸코가 말한 동일성의 놀이를 통해 담론의 우연성을 제한하는 담론의 경찰(discourse police) 원리[27]가 주희에게 작동했기 때문이다. 주희(의 담론) 역시 맹자(의 담론)에 의해 제기된 이단 담론의 원리를 벗어나지 못하고 있다. 주희(의 담론)는 맹자(의 담론)에 의해 제기된 이단 담론을 불교와 노장에 확장해 적용한 것에 지나지 않는다. 이는 주희(의 담론)가 이단 담론의 새로운 저자가 되었음을 보여주는 내용이다. 주희(의 담론)는 맹자(의 담론)로부터 시작된 시원성으로서의 저자에서 새로운 분류의 저자로 등장하는 것이다.

---

27. 미셸 푸코(1995), 앞의 책, 32쪽.

3. 진위의 대결

한 담론에서 저자의 원리는 자연스럽게 담론 간의 진위의 대결로 이어진다. '진위의 대결(opposition à la vérité et à la fausseté)'은 검증(반증) 가능성과 유용성을 기준으로 한다. 검증(반증) 가능성이라는 말은 지식이 지식으로서 성립하느냐를 가르는 기준이다. 우리가 어떤 지식을 지식으로 받아들인다는 말은 그 지식이 검증(반증) 가능성을 갖추었는지를 검토했다는 의미이다. 『성경』을 지식으로 받아들이지 않는 것은 『성경』이 검증(반증) 가능성을 갖춘 문서가 아니기 때문이다. 따라서 『성경』은 진위를 따지는 지식의 텍스트가 아니라, 믿음의 대상인 텍스트이다. 이에 반해 지식을 갖춘 문서들은 그 내용이 참인지 거짓인지를 다툴 수 있는 검증(반증) 가능성이 전제되어야 한다. 그 검증(반증) 가능성은 논리적으로든, 과학적 실험으로든 모두 검토되고 재현되면서 참과 거짓을 판별 받는다. 또한 진위대결에서 유용성은 그 지식이 현실에서 어떠한 쓸모가 있는지에 대한 기준이다. 실제에서 유용성을 갖는 내용을 지식으로 삼을 때만이 그 지식은 지식으로서 참으로 판별 받는다.

담론의 진위대결에서 유학자들은 담론은 검증(반증) 가능성의 관점에서 접근하지 않는다. 다른 담론이 참인지 거짓인지에 관심을 두는 것이 아니라, 오직 유용성만을 따진다. 유학자들이 이단 담론이라고 규정하는 것은 공동체에서 그 담론이 공동체를 유지하는 제도나 규범이 될 수 있느냐를 두고 논의를 진행해 왔다.

이러한 측면에서 맹자(의 담론)가 양주와 묵적에게 이단이라는 판정하는 근거는 양주와 묵적의 담론이 사회에서 규범으로 작동할 수 있는지를 평가한 것이다. 이는 유용성에 따른 '진위의 대결'이다. 푸코에 따르면, 이 진위의 대결은 한 담론이 다른 담론을 배제하는 핵심의 논리이다. 다시 말해 외부 담론에 적용되는 배제 논리에서 가장 강력한 힘을 발휘하는 것이 '진위의 대결'이다.[28] 맹자(의 담론)가 취한 이단 담론의 논리 역시 이 진위의 대결이다. 맹자(의 담론)는 양주의 논리는 위아(爲我)를 핵심으로 하기에 이는 무군(無君)의 논리로 확대될 가능성이 있으며, 묵적은 겸애(兼愛)를 핵심으로 하기에 무부(無父)의 논리이고, 무부의 논리는 무군(無

---

28. 푸코는 이러한 예에 가장 적절한 것으로 그리스에서 헤시오도스와 플라톤 사이의 분할 혹은 전환을 든다. 헤시오도스로 대표되는 시인들 혹은 소피스트들의 진리 담론이 플라톤에 의해 근거를 따지는 '진위대결'로 전환되자마자, 시인들과 소피스트들이 축출된 사례가 진위대결의 전형이라고 말한다. 미셸 푸코 같은 책(1995), 20쪽 참조.

君)의 논리로 확대될 가능성이 있다고 본다. 결국 양주와 묵적의 논리는 무부와 무군의 논리가 되어 금수상태를 지향하는 담론이 되고, 이 담론이 횡횡하게 되면 공동체를 유지하는 규범인 인(仁)과 의(義)는 작동하지 못할 것이라는 주장이다.

맹자(의 담론)의 이러한 진위의 대결은 다음과 같은 의미를 갖는다. 양주와 묵적의 담론은 공동체에 전혀 쓸모가 없는 무용한 논리이며, 이 담론은 한 공동체를 유지하는 규범을 부정하는 논리여서 인간다움을 포기하자는 논리이다. 다시 말해 인간사회와는 하등의 관련이 없으며, 유용함에서도 쓸모가 없는 담론이라는 점이다. 따라서 이들의 담론은 거짓 담론이라는 것이다. 맹자(의 담론)의 논리에서 우리가 확인할 수 있는 것은 존주(尊主), 존조(尊祖)의 논리를 가능하게 하는 예법 담론, 그 예법을 가능하게 하는 인의(仁義) 담론만이 참인 담론이라는 것이고, 예법과 인의를 부정하는 담론은 거짓 담론이라는 진위대결이다.

맹자(의 담론)가 행한 '진위의 대결'은 주희(의 담론)에게서도 그대로 재현된다. 주희(의 담론)가 노자와 불교를 이단으로 규정한 것은 이단 담론의 저자 원리를 따른 것이기도 하지만, 참인 담론과 거짓 담론을 구분을 전제한 진위의 대결인 것이다. 담론의 경쟁에서 주류 담론이 타 담론을 배제하는 방식에서 가장 강력한 무기가 진위의 대결이다. 진위의 대결은 담론들 사이에서 '지식에의 의지'를 발휘하는 것이기도 하고, 그 지식에의 의지는 근거를 묻거나 유

용성을 묻는 방식으로 진행하여, 다른 담론을 무력화시키는 전략에 해당한다.[29]

　주희(의 담론)는 벽이단론의 대상을 양주와 묵적에서 불교와 노장으로 옮긴다. 주지하다시피 공자나 맹자(의 담론)에서는 노자가 이단으로 정의되지 않았다. 주희(의 담론)가 노자를 이단으로 분류하려면 다른 논리가 필요하다. 다시 말해 맹자의 이단 담론의 형식과 체계를 무너뜨리지 않으면서도 그 담론에 노자를 집어넣는 논리가 필요하다. 이 문제를 해결하기 위해 주희(의 담론)는 맹자(의 담론)가 행했던 양주에 대한 이단 규정을 그대로 노자에 적용하거나 양주가 노자와 같은 사상을 공유한 동일한 담론이라고 주장해야 했다.

　양주와 노자의 관계는 주희(의 담론) 당시에도 현대에서도 학문적으로 규명된 적이 없다. 주희(의 담론)는 양주와 노자를 사상적으로 직접적으로 연결한다. 그 논리는 바로 양주가 노자의 제자라는 것[30]이다. 주희(의 담론)는 맹자(의 담론)에 의해 탄생된 이단 담론의 체계와 형태, 내용을 훼손하지 않으면서도 노자를 이단 담론 안으로 가져온 것이다.

---

29. 미셸 푸코(1995), 앞의 책, 20~21쪽 참조.
30. 『朱子語類』 권 60, 〈孟子10〉, "楊朱乃老子弟子 其學專爲己."

주희(의 담론)가 노자의 담론과 불교의 담론을 양주와 묵적에 연결한 것은 양주와 묵적의 담론이 현실 공동체에 전혀 무용한 담론이듯이 노자와 불교의 담론 역시 유용성이 없는 담론이라는 점에서 '진위의 대결'을 적용하는 것이다.

진위의 대결은 유용성의 검증[31]으로 설명되기도 한다. 진위의 대결은 참인 담론과 거짓 담론을 구분함으로써 시작된다. 이 구분에는 '지식에의 의지'가 근거로써 작동한다. 지식에의 의지는 한 담론을 구성하는 인식과 지식이 검증이 가능한 것이냐, 유용한 것이냐를 따지는 것이다. 담론을 구성하는 인식과 지식이 참인 것으로 검증될 수 있어야 하고, 그 인식과 지식이 현실에 유용한 것으로 작동해야 했다.[32]

이러한 지식에의 의지는 이단 담론을 만들어 낸, 유교의 저자들에게서 꾸준히 나타나는 내용이다. 송대 이학자들이 도교를 유교

---

31. 미셸 푸코(1995), 앞의 책, 21쪽.
32. 푸코는 진위의 대결에 해당하는 예를 헤시오도스와 플라톤 사이의 분할을 든다. 헤시오도스를 비롯한 시인들과 소피스트들의 담론에 대해, 플라톤이 검증 가능한 것인지, 유용한 것인지를 물음으로서, 시인들과 소피스트들은 축출되었다고 말한다. 헤시오도스와 시인들, 소피스트의 담론에서 진리는 검증의 절차를 거쳐서 형성된 것이 아니라, 한 공동체에서 의례화된, 효과적인, 적절한 실행들이었다. 그러나 플라톤은 이들의 근거를 묻고 따지면서 그 담론이 검증 가능한지, 유용한지를 질문함으로써 그들의 담론을 해체했다. 미셸 푸코(1995), 앞의 책, 19~20쪽 참조.

와 대립적으로 보는 시각에는 우선 '실학(實學)'과 '허학(虛學)'의 논의를 들 수 있다. 주자학은 도가 사상을 '허학'이라고 규정하고, 유교를 '실학'이라고 규정해 왔다. '허'와 '실'의 구분은 참과 거짓이라는 기준에 근거한다. 실학이란 참된 학문으로 현실적 사회에 적용될 수 있는 사상이다. 이에 반해, 허학이란 거짓 학문으로 비현실적이며 비사회적이라는 의미이다. '무無'에 기반한 도가 사상은 강상윤리를 비판하거나, 사회적 질서를 부정하는 점에서 '허학'이라고 본 것이다.[33] 결국 도가 사상은 비사회적이며, 비현실적이라고 본 것이다. 반면 실학으로서 유교는 현실 사회를 작동시키는 참된 학문으로 강상윤리이자 사회구조와 그 실천에 유효한 학문이라는 것이다. 이처럼 실학과 허학이라는 대립 구조는 사회를 구성하거나 유지하는 규범의 관점에서 그 유용성을 기준으로 구분한 것이다.

저자의 원리나 진위의 대결은 벽이단론의 논리적 근거이다. 앞에서도 언급하였듯이, '저자'는 담론의 분류와 통일성, 정합성의 원리이기에 공자와 맹자, 주희(의 담론)는 이단 담론의 저자라고 볼 수 있다. 게다가 이들의 논리에는 유교와 다른 담론을 대비시키면서, 그 담론들이 공동체에서 어떠한 유용성을 갖느냐를 두고 진

---

33. 이봉호(2016). 「조선시대 노자주석의 연구 경향과 전망—'闢異端論'과 '以儒釋老'라는 관점으로」, 『동양철학』 제45호. 224쪽.

위의 대결을 보였다. 저자의 원리와 진위의 대결을 담론들 사이에 적용하고, 다른 담론을 이단으로 규정하며 이들 담론을 배격하려는 일련의 언설들은 바로 '벽이단론'에 해당한다.

이단 담론의 시원과 그 역사를 조선시대 쓰인 『동문선(東文選)』이라는 책에서는 정확하게 정리하고 있다. "맹자가 양주와 묵적을 배격하고 공자의 사상을 보존한 이래로 한나라 때의 동중서, 당나라의 한유, 송나라의 정자와 주희(의 담론)가 모두 유교를 부지하며 이단을 배격하여 천하 만세의 군자가 되었다."[34] 『동문선』의 이 내용은 유교에서 이단론의 시초부터 전개까지 그 역사를 정리한 것이지만, 유교에서 이단론의 핵심을 읽어낼 수 있다. 그것은 유교 담론을 지켜내고 이단을 배격하는 것이 유학자의 임무이자 유교에서의 이상적인 인물인 군자의 조건이라는 것이다.

조선 유학자들이 노자에 대해 생산한 담론은 중국의 유학자들이 생산한 담론에서 조금도 벗어나지 않은 동일성의 놀이로서 나타난다. 가령 정도전은 '불가와 노장이 적멸(寂滅)과 청정(淸淨)을 숭상하여 사회적 규범인 예악과 윤리를 제거하거나 멸절하고자 한다'[35]고 본다. 정도전의 이해는 도가와 불가는 예악과 윤리를 멸절

---

34. 『東文選』 권 53, "自孟子闢楊墨存孔氏以來 漢之董子 唐之韓子 宋朝程朱子 皆扶斯道闢異端."
35. 『三峯集』 권10, 「心氣理篇」, "若夫釋老之學 以淸淨寂滅爲尙 雖彛倫之大 禮樂之懿 亦必欲屛除而滅絶之."

하고자 하는 허학이라는 것이다. 이는 송대 이학자들의 도가와 불가에 대한 이해와 동일하다. 그리고 송대 이학자들이 한 말과 그 내용에서 전혀 다르지 않다. 이를 확인하기 위해 정도전의 글과 그에 대한 권근의 주석을 가져와 보자.

노씨(老氏)는 기(氣)가 이(理)에 근본하고 있음을 알지 못하고 기(氣)로써 도(道)를 삼으며, 석씨(釋氏)는 이(理)가 심(心)에 갖추어져 있음을 알지 못하고 심으로써 종(宗)을 삼는다. 이들 노·불 이가(二家)에서는 스스로 무상고묘(無上高妙)하다고 말하면서도, 형이상(形而上)이 어떤 것인지도 알지 못하고 마침내 형이하(形而下)만을 가리켜 말하였으니 천근(淺近)하고 오활(迂闊)하며 편벽된 가운데에 빠지면서도 스스로 깨닫지 못하는 것이다.[36]

유가(儒家)에서는 이(理)를 주(主)로 하여 심(心)과 기(氣)를 다스리니, 그 하나를 근본으로 하여 그 둘을 기르는 것이요, 노씨(老氏)는 기(氣)를 주로 하여 양생(養生)으로써 도(道)를 삼고, 석씨(釋氏)는 심(心)을 주로 하여 부동(不動)으로써 종(宗)을 삼아, 각기 그

---

36. 『三峯集』권10, 「心氣理篇」, "故老不知氣本乎理 而以氣爲道 釋不知理具
於心 而以心爲宗 此二家自以爲無上高妙 而不知形而上者爲何物 卒指形
而下者而爲言 陷於淺近迂僻之中而不自知也."

하나를 지키고 그 둘을 버린 것이다. (……) 따라서 이가(二家)의 학설은 고고(枯槁)하고 적멸(寂滅)한 데 빠지지 않으면 반드시 방사(放肆)하고 멋대로 하는 데에 흘러들어, 그 인의(仁義)를 해치고 윤리를 멸절(滅絶)한다.[37]

이처럼 정도전과 권근의 말이 맹자와 주희(의 담론)의 말과 전혀 다르지 않은 것은 주석의 원칙이 적용되었기 때문이다. 주석의 원칙은 반복과 동일성의 형태를 지니는 동일성의 놀이에 지나지 않는 것이기 때문이다.

앞에서 언급했듯이, 조선에서 담론 지형은 주자학이라는 권력이 작동하는 방식에 따라, 담론 생산을 통제하고, 선별하고 조직화하며, 재분배했다. 푸코가 말하듯이 담론의 생산과 통제, 선별과 조직화, 재분배는 담론이 권력을 욕구하며 권력을 행사하는 정치적 행위이다.[38]

조선에서 주자학을 연구하거나 실천하는 것은 주자학이라는 권력의 체계를 번역하거나 그것을 얻고자 하는 욕구의 인정투쟁이다. 그래서 조선 유학자들의 담론은 주자학의 담론을 무한히 재생

---

37. 상동, 이에 대한 권근의 주석, "儒主乎理而治心氣 本其一而養其二 老主乎氣 以養生爲道 釋主乎心 以不動爲宗 各守其一而遺其二者也 (……) 是二家之學 不陷於枯槁寂滅則必流於放肆縱恣 其賊仁害義 滅倫敗理."
38. 미셸 푸코(1995), 앞의 책, 23쪽 참조.

산하는 "동일성의 놀이"일 뿐이다. 푸코의 지적처럼, 동일성의 놀이는 주자학이라는 담론에서 벗어나지 않기 위해, 주자학의 담론을 넘어서지 않기 위해, 주자학의 담론 안에 담론이 제한되기 위해, 저자의 원리, 주석의 원리, 과목의 원리를 따라야 했다. 이들 저자의 원리와 주석의 원리, 과목의 원리는 주자학이라는 담론의 내부에서 동일성을 유지하기 위한 놀이이다.

4. 주석[39]과 과목들(Notes et sujets)

그렇다면 송대 유학자의 이단 담론과 조선 유학자의 이단 담론은 왜 같은 체계와 형태, 내용을 띠는 것일까? 이처럼 같은 내용과 형태, 체계를 띠는 것을 푸코는 담론에서 '동일성의 놀이'라고 부르는데, 조선 유학자들의 노자 담론은 왜 동일성을 따르는 것일까라는 질문으로 논의를 해보자.

동일성의 놀이로서 이단 담론을 생산했다는 것은 조선 유학자들이 스스로 맹자나 주희(의 담론)의 이단 담론에 포로[40]가 되어야 했다. 설령 조선 유학자가 노자 담론을 생산했다고 하더라도, 그의 담론은 이단 담론의 범위 안에서, 이단 담론을 생산한 저자의 원리

---

39. 푸코는 주석가들의 형태를 '되돌아감', '재발견', '재활성화'로 분류하며, 이들을 담론실습의 주창자들이라고 본다. 푸코, 「저자란 무엇인가」(『현대시사상:저자의 죽음』, 1993, 서울:고려원), 83쪽 참조.
40. '담론의 포로'라는 말은 푸코의 말이다. 푸코는 꼴레쥬 드 프랑스 취임 강연 원고인 『담론의 질서(L' Ordre du discours)』에서 자신이 발언이 담론의 포로인 상태에서 행해짐을 밝힌다.

와 주석의 원리, 과목의 원리를 따랐다는 의미가 된다. 조선 유학자들에 의한 노자 담론은 노자 담론 그 자체를 연구하는, 다시 말해 노자를 노자로 읽어내는 일은 불가능한 일이다. 그럼에도 노자를 읽어내 주석하였다는 것은 그가 이미 주자학으로 무장된 신학자이거나 주자학을 실천하는 종교적 지도자이기 때문이다. 이 말의 의미는 주자학 담론을 내면화한 유학자만이 이단으로서 노자를 다룰 수 있다는 말이다.[41] 스스로 주자학 담론의 포로가 되기 이전에는 노자에 대한 담론을 말할 수 없을 것이다. 주희(의 담론) 스스로 이에 대한 준거를 제시하고 있다. "(이단에 대해) 그것을 전적으로 연구해서도 안 될 뿐만 아니라 대충 이해해서도 안 된다. 만약 자기의 학문이 정립되었다면 이단의 문제점을 보는 것은 그래도 괜찮다."[42]

주자학이 아닌, 주자학 외부 담론을 다루는 방식—배제의 방법—은 주자학을 체현할 때만이 가능할 것이기 때문이다. 푸코가 "배제의 외부적인 과정들"[43]이라고 명명한 담론의 작동방식은 스스로 주자학의 포로가 되었을 때만이 가능한 권력의 행사 방식이기 때문이다. 물론 위와 같은 주희(의 담론)의 언설은 이단을 다루

---

41. 한국철학사상연구회 지음(1995), 『강좌 한국철학』, 207쪽 참조.
42. 『論語/爲政』, "子曰攻乎異端 斯害也已."에 대한 소주: "不惟說不可專治便略去理會他也不得 若是自家學有定止去看他病通却得."
43. 미셸 푸코(1995), 앞의 책, 15쪽.

는 준거로 작동했다.

이러한 관점에서 조선 유학자들의 노자 담론을 평가하면, 그들의 노자 담론은 주희의 노자 담론을 반복하고 변이하는 의례화된 집합들, 언어표현들, 파롤(parole)들에 지나지 않는다.[44] 푸코는 이러한 기언(旣言)들, 즉 반복되면서 변이되어 표현된 언쵸된 집합을 '주석'이라고 부르고 있거니와, 주석되어야 할 텍스트의 성격은 종교적 텍스트이거나 법률적 텍스트에 해당하는 것으로 본다. 따라서 맹자 혹은 주희(의 담론)의 이단에 대한 규정과 그 저자로서의 원리들은 그것이 반복되고 변이되어 의례화한 언표이자 파롤인 한, 종교적 텍스트, 법률적 텍스트로서 기능을 한 것이다. 그래서 주석의 작업은 거의 복사에 가까운, 재출현 이외의 것이 아니게 된다.[45]

『동문선』에서 정확하게 언급하고 있는 동일성의 놀이 원리를 다시 거론해 보자. 『동문선』은 유교 이단 담론의 원리를 "闢異端以明吾道之正"이라는 명제로 정리한다. 이 명제는 두 가지로 구분할 수 있다. 하나는 다른 담론을 물리쳐 없애야 할 대상인 배재의 규정이다. 다른 하나는 자신의 담론과 견주어 자신의 담론을 드러내는 것이다. 다른 담론에 대한 배제적 정의는 다른 사상을 이단으

---

44. 미셸 푸코(1995), 앞의 책, 24쪽 참조.
45. 미셸 푸코(1995), 앞의 책, 25쪽 참조.

로 정의하고 물리치고자 하는 '벽이단(闢異端)'에 해당한다. 구체적으로는 노자의 담론에서 핵심을 심(心)과 기(氣)로 보고, 그 한계성을 지적하는 방법이다. 이러한 부정적 정의와 대비를 통해 자신의 사상을 드러내는 것은 '명오도지정(明吾道之正)'에 해당한다. 여기서 '오도(吾道)'는 이(理)를 주로 하여 심과 기를 기르는, 다시 말해 이가 심과 기를 통제한다. 이는 심과 기의 상위 개념이자 그것들의 근거가 된다는 논리를 구축한다.

이 명제에서 주의를 기울일 것은 '闢'과 '以'자의 기능이다. '闢A以B'는 A를 제거해야만 B가 확보되는 논리적이거나 인과적 문장 구조이다. 전건인 '闢A'가 후건인 '以B'의 필요충분조건이다. 전건의 조건들을 갖추기 위해, 맹자(의 담론)처럼 금수와 인간사회의 대비, 무부·부군 대 종조·존주의 대비, 사설과 정설의 대비, 주희(의 담론)처럼 이와 기의 대비, 허와 실의 대비가 지속적으로 대조되면서 사용되어왔다. 이러한 대비와 대조를 통해야만 후건인 오도(吾道)의 바름이 드러나는 것이다.

유교에서 노자의 담론과 불교의 담론을 다루는 방식은 '闢A以B'의 논리를 벗어나지 않는다. '闢A以B'의 논리는 유교가 이단을 규정할 때 사용하는 방법들의 집합, 참으로 간주되는 명제들의 무리, 규칙과 정의들, 그리고 대상들을 영역으로 분류하여 과목을 구성하는 원리[46]이다. '闢A以B'라는 문장구조에는 이 문장구조가 방법들의 집합이기도 하고, 이 방법들의 집합과 그 내용을 채우는 다양한 대비와 대조가 명제들의 무리이며, 그것 자체로 규칙이고 정의이기에 과목을 구성하는 원리가 된다. 이는 이단을 규정하는 유교 담론의 저자에서부터 계승된 문장구조이다. 맹자(의 담론)가 제시한 '息A, 距B, 放C, 以承D'라는 문장구조와 '闢A以B'의 문장구조는 다른 것이 전혀 아니다. 맹자(의 담론)는 이단 담론에 대해 'A를 종식하고 B를 막으며 C를 추방하여 D를 계승하는 것'이었다.[47] 물론 맹자가 이단을 규정하는 그 자신의 담론에는 참으로 간주되는 명제들의 집합도 있으며, 규칙과 정의들도 있고, 이단으로 배제된 대상도 있다. 맹자(의 담론) 이후 유교의 이단 담론은 이를 그대로 따른다.

결국 '闢'이라는 글자가 함의하는 것은 유교 입장에서 이단을 다루는 방식을 드러낸다. '以'라는 글자는 유교 입장에서 이단을 규정하며, 유교와 이단 간의 진위대결을 시행한다는 의미이다. 이러한 과정을 통해 얻는 효과가 '우리 도가 바르다는 것을 드러내는 것[明吾道之正]이다.

---

46. 미셸 푸코(1995), 앞의 책, 29쪽 참조.
47. 『孟子/滕文公章句下』, "吾我亦欲正人心 息邪說 距詖行 放淫辭 以承三聖者 豈好辯哉 予不得已也(…) 能言距楊墨者 聖人之徒也."

문제는 이단을 규정하는 방법들과 명제들과 규칙들과 정의들이 바로 유교를 정의하는 원리라는 점이다. 이단을 규정하는 방법과 명제와 그 내용들이 바로 유교의 정체성을 확보하는 논리와 직결된다는 점이다. 이단을 규정하고 배척하는 일련의 담론인 이단 담론은 그 명제와 내용에서 유교의 정체성을 확보하는 과정에 해당된다. '금수 vs 인륜의 대비', '사설 vs 정학의 대비', '무부·무군 vs 종조·존주의 대비', '허학 vs 실학의 대비'는 지속적으로 유교의 정체성을 공고히 하고 체계화하며 정통성을 확보하는 과정이었다. 이를 보여주는 명제가 "우리의 도를 붙들고 이단을 물리침(扶吾道, 闢異端)"이다. 따라서 벽이단(闢異端)이 바로 부오도(扶吾道)이자 명오도(明吾道)의 과정이다.

　조선 유학자들의 노자 담론의 원칙, 다시 말해 주석의 원칙은 맹자와 주희(의 담론)에 의해 형성된 랑그(langue)에 따라 진행된 파롤(parole)에 지나지 않는다. 맹자와 주희(의 담론)가 저자로서의 담론의 분류 원리, 통일성과 시원의 원리, 정합성의 핵으로서 원리가 되자마자, 이는 랑그의 형태를 띠었고, 조선시대 유학자들의 노자 담론은 파롤이 되었다.[48]

　랑그와 파롤에 대한 소쉬르의 구분에 따르면, 랑그는 언어의 형태 또는 형태들의 체계에 속하는 것으로 사회적 부분이자 개인의

48. 페르디낭 드 소쉬르 지음, 최승언 옮김(2006), 『일반언어학 강의』, 151쪽.

외부에 있는 것이다. 개인이 이를 수동적으로 배워서 습득한 산물에 해당한다. 이에 반해 파롤은 개인이 자신의 사고를 표현하기 위해 언어 코드를 사용할 때 행하는 결합으로 랑그를 집행하는 부분이다.[49] 개인이 아무리 새로운 담론을 제시한다고 하여도 그 담론은 랑그의 체계를 벗어날 수 없는 것이다. 다시 말해 조선의 유학자가 새로운 노자 담론은 제시해도, 그 담론은 맹자와 주희(의 담론)에 의해 생산된 이단 담론의 원리들과 규칙들을 벗어나지 못하는 파롤이라는 것이다. 맹자와 주희(의 담론)의 이단 담론이 랑그이자 체계로서 전제되어야만 하기 때문이다.

조선시대 유학자들의 노자 담론이 나름의 체계를 갖추고 나타난 것은 16세기 이후이다. 체계를 갖춘 노자 담론은 이이 (1536~1584)의 『순언(醇言)』을 필두로, 박세당(1629~1703)의 『신주도덕경(新註道德經)』, 서명응(1716~1787)의 『도덕지귀(道德指歸)』, 이충익(1744~1816)의 『초원담로(椒園談老)』, 홍석주 (1774~1842)의 『정노(訂老)』로 이어진다.

이들 노자 주석서는 노자라는 텍스트에서 유교와 유사하거나 유교적으로 재해석할 수 있는 내용을 선택적으로 발췌하든, 노자의 도를 유교의 공(公)으로 해석하여 수기치인(修己治人)이라는 동일한 담론을 한 것으로 해석하든, 태극론을 가져와 노자와 유교가

---

49. 이봉호(2016), 앞의 책, 115쪽 참조.

체용론에서 동일하다고 해석하든, 노자의 도를 자연의 도로 해석하고, 이는 『주역』이나 유교의 『중용』에서 말하는 무성무취(無聲無臭)로서 인식 불가능한 도와 다를 것이 없다고 해석하든, 이러한 해석 모두는 맹자와 주희(의 담론)가 생산한 이단 담론의 원리를 벗어날 수 없다.

과목들이라고 명명될 수 있는 조선 유학자들의 노자 주석은 철저하게 맹자와 주희(의 담론)의 이단 담론의 원리를 따르고 있기 때문이다. 푸코는 과목이라고 불리는 것들에 대해 제한적 원리가 존재한다고 말한다. 이 원리는 대상들의 한 영역, 방법들의 한 집합, 참으로 간주되는 명제들의 한 무리, 규칙과 정의들의 놀이[50]라고 말한다.

조선시대 유학자들의 노자 담론은 과목들의 원리를 따른 것으로 볼 수 있다. 공맹으로부터 주희에 이르는 이단을 다루는 담론들에서 이단이 되는 대상영역, 그 이단을 다루는 방법, 이단을 정의하는 명제들과 규칙이 그대로 조선의 유학자들에게도 적용되고 있기 때문이다. 주희(의 담론)는 유학자로서 노자에 대한 선택적 주석을 한 사람이다. 그는 노자에서 10여 개의 장을 선택해 제자들과 문답하는 방식으로 주석을 하였다. 이 주석에서 노자를 긍정하기도 하고 비판하기도 한다. 주희(의 담론)의 이러한 선택적 주석과 그에

---

50. 미셸 푸코(1995), 앞의 책, 29쪽 참조.

대한 긍정과 부정은 조선시대 유학자들의 노자 주석에서도 그대로 나타난다. 또한 주희(의 담론)에서 보이는 이단을 다루는 방법, 명제, 규칙들 역시 그대로 조선 유학자들의 노자 주석에서 드러난다. 유교 담론과 이단 담론을 대비하는 방법, 그 방법으로서 유교의 진리를 드러내는 명제들의 꾸러미가 그대로 적용되고 있다. 결국 조선 유학자들의 노자 주석은 벽이단론의 담론 규칙과 원리를 따라 유교의 관점에서 노자를 해석하는 논리인 것이다.

5. 담론의 경찰(discourse police)[51]

조선에서 16세기 이후 노자 담론이 체계를 갖추어 등장하고, 그
것도 몇 명의 유학자들에 의해 담론이 진행되는 것은 생각할 만한
것이 있다. '왜 16세기 이후인가?'라는 문제이다. 이 문제는 두 가
지 의미가 함축되어 있다. 하나는 주자학이 조선의 학자들 모두에
게 내면화되었다는 점이다. 다른 하나는 내면화된 주자학의 관점
에서부터 노자에 관한 입장이 확립되었다는 점이다.

주자학의 이념으로 건국한 조선은 주자학의 급진적인 보급과 조
선을 주자학 일색으로 물들이기 위해, 종교적 의례의 전환과 과거
제를 도입한다. 기존의 통과의례를 불교 의례로 진행하던 것을 『주
자가례(朱子家禮)』의 보급을 통해 유교식으로 전환한다. 주희(의
담론)의 말과 관점만이 정답인 과거제를 도입한다. 조선에서 행세

---

51. 푸코는 과목에 부여되는 생산통제 원리, 한 저자의 다양한 담론생산, 과목의 전
    개에는 그만큼의 원천들이 존재하며, 담론과 과목에 제한적이고 구속적인 기능이
    존재한다고 본다. 이런 담론생산과 과목생산에 적용되는 제한적이고 구속적인 기
    능을 담론의 경찰규칙이라고 부른다. 미셸 푸코(1995), 앞의 책, 32쪽 참조.

하려면 모든 의례를 『주자가례』로, 모든 생각과 말과 행동을 주희 (의 담론)식으로 해야만 했다. 주희(의 담론)의 관점으로 재해석 된, 구축된 담론의 체계는 권력이었다.

조선에서 주자학 담론의 '동일성의 놀이'가 놀이로서 제대로 작 동하고 기능하기 시작한 때, 놀이가 놀이로서 완벽해진 때가 16세 기 이후이다. 이 시기로부터 유학자들은 모두 『주자가례』를 따라 상례와 제례 등과 같은 의례에서, 그 의례를 집행하는 집행자가 되 었다. 『주자가례』가 모든 의례의 준거이자 기준이 되었다는 말은 조선에서 주자학이 하나의 종교로 정착했다는 의미이고, 유학자들 은 주자학이라는 종교에서 종교 지도자이거나 주자학이라는 종교 를 연구하고 실천하는 신학자가 되었다는 의미이다.

이를 노자 담론에 한정해서 보면, 조선의 유학자들은 주자학이 라는 랑그를 완전히 습득하고, '동일성의 놀이'를 내면화하여 구현 한 것이 16세기 이후가 된다는 의미이다. 정도전과 권근에 의해 중 국 유학자들의 '벽이단론'이 재현되고, 주자학이 조선 유학자들에 게 내면화되고 나서야 과목들에 해당하는 '이유석노'의 노자 주석 들이 탄생한 것이다.

조선 유학자들의 노자 주석이 이유석노의 범위를 벗어나지 못하 는 것은 담론에서, 담론 생산에서 통제의 원리와 구속의 원리가 작 동되었기 때문이다. 통제의 원리는 저자의 원리를 벗어날 수 없는 것─주희와 조선 유학자들의 벽이단론에서 보인다─이기도 하고,

동일성의 원리를 따르는 것-조선 유학자들의 벽이단과 이유석노
에서 보인다-이기도 하다. 이는 방법으로서 동일성의 놀이이기도
하다. 필자가 이단과 유교를 대비적으로 보이는 방법으로 '闢A以
B'와 '息A, 距B, 放C, 以承D'를 거론했듯이, A담론과 B담론의 끊
임없는 대비와 대조, 그것을 통해 자신 담론의 정당성을 확보하는
과정이 유교의 이단에 대한 담론이었다.

　조선시대 유학자들에게 노자를 노자답게 읽는 일은 불가능했다.
노자를 시대의 관점으로 읽는 일도 불가능했다. 유교의 관점을 벗
어나는 일은 담론의 동일성 놀이를 벗어나는 일이었기 때문이다.
이는 중국에서 노자를 자신의 문제의식이나 시대의 관점으로 읽
어낸 사례와 비교하면 더욱 분명해진다. 원나라 시기 두도견(杜道
堅)의 말을 가져와 보자.

> 도덕경은 81장으로 이루어져 있는데, 그에 대한 주석자가 3,000이
> 나 된다. … 주석자들은 그 시대가 숭상하는 것을 따랐으며, 각자 자
> 신의 관점에서 해석하였다. 따라서 한나라 시기의 사람이 주석한 것
> 은 '한대의 노자'가 되고, 진나라 사람의 주석은 '진대의 노자'가 되
> 며, 당나라 사람의 주석, 송나라 사람의 주석은 '당대의 노자', '송대
> 의 노자'가 된다.[52]

---

52. 두도견, 『道德玄經原旨』, 序. 『正統道藏』洞神部玉訣類, 文物出版社.

이 책을 주석한 황제로부터 문인과 재사들의 주석이 3,000여 종이 넘지만 모두 시대적 문제의식과 자신의 주관으로 해석한 것들이라는 말이다. 중국의 한편에서는 노자를 자신의 문제의식과 시대의 문제의식으로 읽어냈지만, 조선에서는 그렇게 읽어낼 수가 없었다. 주자학이 담론의 경찰로서 강력하게 작동하고 있었던 때문이다.

이상의 논의를 정리해 보자. 조선시대 유학자들의 노자 담론을 푸코의 논리에 적용하면, 첫째, 유학자들은 오도(吾道)를 부지(扶持)하기 위한 '진위의 대결'의 과정에서 노자 담론을 생산한 것이었다. 둘째, 유교 내부의 담론에서 제기될 수 있는, 유학적 관점에서 통제되지 않는 노자 담론이 생성되는 것을 제한하기 위해 동일성의 놀이라는 방식으로 노자 담론을 제한한 것이다. 통제되지 않은 노자 담론―푸코는 이를 우연과 사건이라고 한다―을 제한하고 지배하기 위해, 다시 말해 유교에서 벗어나 노자 담론 자체를 생산하는 것을 제한하기 위한 권력의 행사인 동일성의 놀이로서 노자 담론을 생산한 것이었다.

결론적으로 정리하자면 조선 유학자들의 노자 담론은 그것을 제한하고 지배하고자 한 담론 권력의 행사가 작동된 담론, 담론의 경

"道德經八十一章, 注者三千餘家, … 注者, 多隨時代所尙, 各自其成心而帥之. 故漢人注者爲漢老子, 晉人注者爲晉老子, 唐人宋人注者爲唐老子宋老子"

찰과 담론의 동일성이 작동된 결과라고 본다. 이는 벽이단론에서 이유석노로 이어지는 노자 담론의 동일성의 놀이였다.

참고문헌 •

홍석주, 『정노(訂老)』

이충익, 『초원담로(椒園談老)』

서명응, 『도덕지귀(道德指歸)』

박세당, 『신주도덕경(新註道德經)』

이 이, 『순언(醇言)』

『동문선(東文選)』, 고전번역원:www.itkc.or.kr

『삼봉집(三峯集)』, 한국문집총간5, 서울:민족문화추진회(고전번역원;www.itkc. or.kr)

『논어(論語)』, 『맹자(孟子)』(『경서(經書)』), 서울:성균관대학교 출판부, 대동문화 연구원, 1972.

『효경(孝經)』, 대전:학민문화사 영인본, 1990.

『주자어류(朱子語類)』, 북경:중화서국, 1981.

『선조실록』, sillok.history.go.kr

두도견, 『道德玄經原旨』, 『正統道藏』, 천진:文物出版社, 1977.

미셸 푸코(1995). 『담론의 질서(L' Ordre du discours)』, 이정우 옮김, 서울:새길.

------(1993). 「저자란 무엇인가」, 『현대시사상:저자의 죽음』, 서울:고려원.

한국철학사상연구회(1995). 『강좌 한국철학』, 서울:예문서원.

페르디낭 드 소쉬르(2006). 『일반언어학 강의』, 최승언 옮김, 서울:민음사.

이봉호(2016). 「조선시대 노자주석의 연구 경향과 전망-'闢異端論'과 '以儒釋 老'라는 관점으로」, 『동양철학』 제45호.

----(2016). 「노자의 도와 소쉬르의 언어학:잘못된 만남」, 『철학연구』 114권.

----(2018). 「'사 계급의 두 인물, 노자와 공자」, https://blog.naver.com/ humanicenter

조민환(996). 『유학자들이 보는 노장철학』, 서울:예문서원.

김시천(2012). 「이이의 『순언』과 이단의 문제」, 『시대와 철학』 23권 1호.

노장사상과
도교의 민중성

06

"도는 언제나 아무것도 하지 않지만 하지 않음이 없다." — **노자**

"아무것도 하지 않음으로써 함을 일러 저절로 그러함이라고 한다." — **장자**

"천하를 있는 그대로 보존하여 놓아둔다는 말은 들었어도 천하를 다스린다는 말은 듣지 못했다." — **장자**

동아시아 문명과 사상에서 도교(道敎 = Taoism)[1]는 유교, 불교와 함께 세 축을 형성하면서 면면히 이어져 왔다. 또한 일상적 삶에서 민중들의 구원을 담은 종교로 여전히 작동되고 있다. 노자에 의해 창시된 도가철학은 유교에 비판적 사유를 형성하면서도 유교와 불교와 더불어 상호간에 영향을 주고받으면서 동아시아 문명과 사상

---

1. 일반적으로 노자와 장자의 사상을 도가(Philosophical Taoism), '도'라는 개념을 중심으로 동한 시기에 성립된 교단 도교를 종교적 도교(Religious Taoism)로 구분해 왔다. 하지만 앙리 마스페로가 이 둘을 구분하는 것은 의미가 없다고 주장한 이후로는 많은 학자가 이 입장에 따른다. 이 글에서도 도교는 도가와 도교를 구분하지 않고 사용한다.

을 꽃피웠다. 후한 시기에 도교가 형성될 때 노자[2]의 사상은 도교의 주요한 철학적·신학적 배경 이론이 되었으며, 도교 안에서 노자는 여전히 주요한 신격으로 자리 잡고 있다.

그런데 왜 후한 시기 교단 도교가 탄생할 때, 노자 사상이 도교의 주요한 신학적 배경이 되었을까? 그것은 노자 사상이 갖고 있는 민중 지향적인 성격과 관련이 있는 것이 아닐까? 이러한 질문을 두고 도교의 민중성을 생각해 보기로 한다.

우선 이러한 질문을 탐구하기 위해서는 노장사상이 형성된 시대적 배경을 살펴보아야 할 것이다. 다음으로는 도교의 형성에서 노자 사상이 어떤 역할을 하는지, 중국사에서 민란에 드러난 도교의 이념이 노자 사상과 어떤 연관이 있는지 살펴보아야 한다.

---

2. 노자(老子)의 생몰 시기는 대략 기원전 571~472 정도라고 추정한다. 『사기』 「노자전」에 따르면, 성은 이(李) 씨이고, 이름은 이(耳)이며, 자는 담(聃)이라고 한다. 도가 쪽의 책들에는 성은 이 씨이고, 이름은 이이고, 자는 백양(伯陽)이며, 시호가 담이라고 하기도 하고, 성은 노이고, 이름이 담이며 자는 백양이라고 한 책도 있다. 초나라 고현(지금은 하남 녹읍)에서 태어났고, 주나라 왕조에서 도서관 관장을 역임했다고 한다. 주나라 말기에 혼란한 상황을 보고 주나라를 떠나 진나라를 향해 가면서 함곡관이라는 관문을 지났는데, 관문 지기에게 『도덕경』을 써 주었다고 한다.

노자가 함곡관을 지나 서역으로 가서 부처가 되었다는 신화부터, 신선이 되었다가 800년 만에 다시 태어났다는 전설에 이르기까지 다양한 노자의 신화가 등장하는데, 이는 노자라는 인물에 대한 정보가 신비에 싸여있기도 하거니와 노자가 초기부터 도교의 신이 된 이유이기도 하다.

I. 춘추전국 시기와 도가의 탄생

노자 사상이 탄생한 배경을 이해하기 위해서는 춘추 말기에서 전국 시기에 이르는 사상적 문화적 변화를 파악해야 한다. 춘추전국 시기는 동아시아 문명사에서 커다란 전환을 이룬 시기이기 때문이다.

이 전환에서 우선 지적할 것은 철기의 발견이다. 철기 시대에 접어들면서 농기구를 철기로 제작하여 사용하는 일은 농경 방식과 수확에서 대변혁을 이룬다. 농기구를 철기로 만들면서 쇠 보습, 소를 이용한 깊은 밭갈이 등으로 생산력이 크게 늘었다. 또한 철기를 사용한 무기의 제작은 기존의 전쟁에서 전술적인 변화를 이룬다. 이러한 변혁은 각 제후국이 위치한 지리 환경적인 차이에 따라 빈국과 부국이 탄생하게 되고, 곡물을 빌리거나 교역하는 데서 빈번한 다툼이 발생한다. 가령 진(晉)나라와 진(秦)나라처럼 군사적으로 강한 나라들도 있고, 제(齊)나라와 초(楚)나라처럼 경제적으로 풍족한 나라도 있었다. 무기를 철기로 바꾸고 나서는 제후국 간의 전쟁도 전차전에서 보병전으로 양상이 변화하게 된다.

또 다른 하나는 종교적 측면에서 변화이다. 주나라는 은나라를 멸망시키면서 은나라가 신앙한 '상제(上帝)' 혹은 '제(帝)'를 대신해 '천(天)'을 제시한다. 은나라의 상제는 조상신을 포함한 신격으로 일상의 모든 일을 주재하는 인격신의 신격을 갖는다. 그래서 상제의 의지를 파악하기 위해 모든 일에 거북점을 치거나 푸닥거리를 통해 신의 의지를 읽어내는 무축(巫祝)이 중요했다. 반면에 주나라가 신앙한 천이라는 존재는 덕을 지닌 위정자에게 통치권을 내려주는 인격신의 성격을 가지면서도, 자연의 변화와 만물의 생성과 소멸의 법칙인 이법천(理法天)의 성격도 갖는다. 그래서 주나라의 천 신앙은 무축보다는 덕을 닦음으로써 천의 이법을 획득하는 것이 주요했다. 이러한 상황을 가장 잘 보여주는 내용이 아래에서 각각 인용하는 『논어』와 『서경』이다.

천이 무엇을 말하겠는가. 네 계절은 순조롭게 순환하고 있으며, 만물은 기운차게 생장하고 있다. 천이 무엇을 말하겠는가. **- 「양화편」**

하늘은 은을 불쌍히 여기지 않고 멸망을 선고했다. 은은 그 천명을 이미 상실했고, 우리의 주가 이것을 받았다. 그러나 우리의 토대가 항상 번영에 머물 것인지 또는 하늘이 우리의 정성을 도울 것인지 감히 알 수도 없고 또 말할 수도 없다. 아울러 우리가 불행으로 끝나게 될지에 대해서도 나는 감히 알 수 없고 또 말할 수 없다. 당신이

이미 모든 것이 우리에게 달려 있다고 했거늘 나는 감히 상제의 명
령에 의지하지 않는다.   - 「군석편」

첫 번째 인용문은 공자의 말로, 천이 자연의 순환과 운행의 법
칙으로 이해한 것이다. 이를 '이법천'이라고 부른다. 두 번째 인용
문은 은나라의 지상신인 상제에 대한 불신과 천이라는 새로운 신
의 등장을 보여준다. 이들 글에서 천이라는 신의 성격을 읽어낼 수
있다. 천을 법칙, 이법으로 이해하면서, 천은 덕 있는 자에게 그에
합당한 통치 권력을 내려주지만, 천명의 획득과 보존이 쉽지 않다
는 점이다.

그렇다면 천명의 획득과 보존은 어떤 방식으로 가능한가.『서경』
과『시경』을 통해서 확인할 수 있는 것은 세심한 제사와 의례의 수
행이 통치자의 덕을 판단하는 기준이다. 이에 반해 은나라는 하늘
에 대한 제사를 게을리했다거나 왕이 여자에 빠졌다거나 악인을
등용하여 정치를 망쳤다고 기록한다.

천을 신앙하는 주나라는 봉건제를 통하여 천하를 다스렸다. 봉
건제는 천자국과 제후국이 강력한 종교적 뿌리 즉, 천을 신앙하는
종교를 기반으로 동일한 혈족들에게 주요 영토에 나누어 다스리게
한 것이다. 이를 '종법제'라고도 부르기도 한다.[3] 종법제는 사회적

3.『춘추좌씨전』에 따르면, 주나라는 성씨가 희(姬)이고, 후직(后稷)의 후예라

계급 질서이기도 했다. 천자로부터 제후, 경, 대부, 사, 서인, 공, 상으로 이어지는 계급적 질서였다. 천자는 천하를 소유하고, 천자의 밑에 공(公), 후(侯), 백(伯), 자(子), 남(男)이 천자의 위탁을 받아 영토를 나누어 다스렸는데, 이들이 제후와 경의 계급에 속하였다.[4] 대부는 제후와 경 밑에서 방대한 토지를 소유한 토착 가문이었고, 사는 대부의 가신으로 독자적인 생산력을 갖추지 못한 계급이었다. 서인, 공, 상 계급은 하층민들이었다.

춘추 중기에 이르면 천자 중심의 왕도 정치는 막을 내리고 제후 중에서 힘이 센 자가 왕정을 유지하는 패도 정치가 시작된다. 하지만 패도 정치도 춘추 말기에 이르면 대부의 정치로 귀결된다. 이러한 상황에서 봉건제도는 붕괴하고, 종법제도에 기초한 계급적 질서도 붕괴되어 사회조직의 해체가 일어난다. 이것이 제후나 대부들이 서로 천하의 주인이 되려는 무한 전쟁의 소용돌이 속에 빠지게 한 이유이다.

고 한다. 제후국들은 대부분 희 씨 성을 가진 주나라의 혈족이고, 제(齊), 진(秦), 조(楚), 송(宋) 등의 제후국이 다른 성씨의 나라들이다.

4. 제후들에게 작위를 주고 영지를 봉하는 방식에서, 제후국이 받은 작위는 각기 다르다. 공작의 작위를 받은 나라는 괵(虢), 송(宋) 등이고, 후작의 작위를 받은 나라는 위(衛), 진(晉)나라 등이며, 백작의 작위를 받은 나라는 정(鄭), 진(秦) 등이다. 자작의 작위를 받은 나라는 초(楚), 거(莒) 등이다. 남작의 작위를 받은 나라는 채(菜), 숙(宿) 등이다.

종법적 봉건제의 붕괴에는 시간이 흘러가면서 혈연적 친연성이 희미해지고, 주나라의 본거지를 서쪽 오랑캐인 융에게 빼앗기기도 하였으며, 남쪽은 초나라에게 잃기도 하였다. 심지어 오랑캐들에게 천자가 끌려가기도 하였다. 이러한 상황들은 천자국도 망해가는 하나의 제후국처럼 인식되었다. 또한 천 혹은 천명에 대한 다양한 해석들과 의문들도 한몫했다. 춘추전국 시기에 접어들면 천에 대한 생각이 계급마다 달리 이해되고 신앙되면서 모순적인 모습으로 나타나기 시작한다. 또한 인간의 윤리적 의식이 싹트면서 인도와 천도가 분리되고, 천에 대한 회의가 시작된다. 가령 『춘추좌씨전』의 기록에는 불길한 징조가 나타났지만, 그 행실이 나쁘지 않으면 요사스러움이 일어나지 않는다거나, 천도와 인도는 별도라는 사유도 보인다. 백성들에게는 전쟁으로 인한 부역과 출병에 천을 원망하거나 불신하는 생각들[5]도 팽배했었다.

철기의 발명과 천에 대한 불신과 회의, 그로부터 일어나는 사회적 계급의 붕괴는 제후국간의 무한 전쟁에 돌입하게 하였다. 이러한 전쟁의 와중에서 지식인 계급이 등장한다. 종법질서가 무너지고 제후국간의 전쟁이 지속되면서, 위정자들은 부국강병을 위해 다양한 분야의 지식인을 끌어모았다. 이들 지식인은 사회, 문화,

---

5. "父母何嘗 悠悠蒼天 曷其有常."(부모님께서 무엇을 잡수실꼬/ 아득하고 아득한 푸른 하늘아/ 언제나 그 정상을 회복하겠는가)

외교, 행정, 군사와 전쟁의 지식으로 무장하고, 자신들의 주장을 펼쳐 제후국에서 관리가 되고자 하였다. 이러한 상황들은 혈연에 의한 세습보다는 지식과 능력에 따른 인재 등용이 비교적 넓고 다양하게 이루어지게 하였다. 이때 등장한 지식인들이 사(士) 계급이다. 사 계급은 봉건 질서가 붕괴되면서 몰락한 귀족 지식인들이 생존을 위해 민간에서 지식을 보급하게 되었고, 이러한 지식을 습득한 집단이다.

사 계급은 지배계층에서 가장 낮은 지위에 속하였지만, 서주 이래의 제례와 의례를 포함하는 예악, 활쏘기, 말 몰기, 학문 지식과 행정 문서 작성, 수학적인 셈[禮樂射御書數]을 위주로 한 육예(六藝)를 학습한 집단이었다. 이들이 받은 교육은 문화 전반에 대한 이해와 전쟁의 전술, 외교술 등을 이해하게 하였다. 또 다른 측면에서 사 계급은 엄격한 종법 사회 속에서 조상을 존경하는 "존조(尊祖)", 종묘를 공경하는 "경종(敬宗)" 의식을 갖추고 일생을 경대부에 의지해서 조금도 참월하는 행위를 하지 않았다. 이러한 태도는 "사는 관직을 잃지 않는 것을 핵심으로 한다"(『예기』)거나 "충성과 순종한 태도로 윗사람을 모심으로 자기의 녹을 잘 지켜 가문을 지키는 것이 사의 효도이다"(『효경』)라는 식으로 표현되어 있다.

사 계급은 당시의 제례와 의례의 담지자로 이해되었다. "사를 응집시키는 것은 예로써 하고, 예가 닦이면 사가 복종한다"라는 순자의 언설이 좋은 증거이다. 이상과 같은 예들은 모두 사 계급의 의식과 결속을 반영하는 것으로 전통적인 의례와 예의, 교육이 그 내용이다. 바로 이와 같은 이유로 춘추전국 시기의 사 계급 절대 다수가 비교적 보수적이고, 소극적이며 기존의 규범을 묵수하면서 당시의 상황에 안주하여 진취적이지 않았던 이유이다.

사 계급과 관련해 하나 더 지적할 것은 이 시기의 사 계급은 세상에 등용되고자 하는 강렬한 의식이 있었다. 『맹자』에 등장하는 "사가 벼슬하는 것은 농부가 밭을 가는 것과 같다"라고 하거나, "사가 지위를 잃는 것은 제후가 나라를 잃는 것과 같다"라는 언설이 이를 증명한다. 사인들은 벼슬하는 것이 일생의 목표였다. "천하를 평화롭게 다스리려면 지금 세상에서 나를 버려두고 누가한단 말인가"라는 주장이 이를 반영한다. 물론 사인들은 문화 전반에 대한 지식을 가지고 있으면서 통치 경험이 있었다. 또한 그들은 정치적 견해를 가지고 있으면서 일을 처리하는 능력도 있었다. 이 점이 바로 패자들이 필요로 하는 인재였다. 또한 당시에 하나의 재주만 있으면 등용이 될 수 있었다. 민간에서 재주가 있거나 현명한 이를 등용하는 천거제도 때문이었다. "오직 재주 있는 사람에게 맡기고, 오직 현명한 이에게 맡겨라"라든지, "현명한 이에게 지위를, 능력 있는 자에게 관직을 주어라"는 『묵자』의 주장도 이러한 세태의 분위기를 반영한다. 이러한 정황들이 들어맞아 학식이 풍부한 사가 자신의 재주와 지모를 빌려 임금에게 아첨하고 정치에

간여하면서 열국의 정치, 경제, 군사, 외교 등 각 방면의 필요한 인재군을 형성해 갔다.

사 집단은 전국 시기에 이르면 경제, 교육, 문화 사업 등에서 대규모로 나타난다. 문화나 지식에서 모종의 능력을 갖춘 사람은 지위의 고하를 막론하고 모두 사라고 불렀다. 제나라 수도 임치의 직문 옆에 '다스리지 않고 논의만 하는 학사들' 집단인 직하학파(稷下學派)가 이러한 상황을 여실히 보여준다. 이들은 자국의 부국강병을 꾀하던 제후들에게 자신의 주장을 설파하여 자신의 학설이 채택되기를 희망하며 전국을 떠돌아다니며 유세하였다. 공자와 맹자가 전형적인 예에 속한다. 초기에 이들을 유사(遊士) 즉, 유세하는 사라고 불리다가 점차로 '유', '유자'라고 불리며 하나의 학파로 간주되었다. 이들 유자들은 천에 대한 신앙을 유지하였다. 여기에다 인문적 자각인 인(仁)을 주장하면서도 여전히 주나라의 문화와 지식을 보수하려는 생각을 견지하였다.

2. 노자와 장자,
사(士)가 되기를 거부하다

　노자는 당시의 상황에서 사 계급이기를 거부하였다. 『사기』에 따르면, 노자는 주나라의 도서관 관장으로 있다가 주나라가 혼란한 것을 보고 떠나 함곡관이 이르러 관문지기인 윤희에게 『도덕경』을 써주었고, 이후 흔적은 알 수 없다고 한다. 주나라가 혼란에 빠지고 봉건제가 무너지는 상황에서 천하의 질서를 바로 잡을 생각을 하지 않고 떠난 것이다.

　왜 이러한 입장을 취한 것일까? 노자가 활동했던 춘추 말기는 전쟁이 빈번하였는데, 이때의 전쟁은 경제적 착취, 영토를 확대하기 위한 것이었다. 이러한 전쟁 속에서 백성들은 전쟁에 동원되어 목숨을 잃거나, 전쟁의 비용을 대느라 감당할 수 없는 조세와 부역에 시달렸다. 징집과 조세, 부역을 피해 백성들은 도적떼가 되기도 하였다. 그런데도 위정자는 이러한 현실을 타개할 생각을 하지 않고 전쟁에 몰두하고, 사 계급은 권력자에게 빌붙어 출세만을 추구한 것이다. 노자는 당시의 상황을 비분강개하여 서술하고 있다.

백성이 굶주리는 것은 위정자들이 세금을 많이 먹기 때문이고, 백성
을 다스리기 어려운 것은 위정자들이 일을 벌이기 때문이며, 백성들
이 죽음을 가볍게 여기는 것은 위정자들이 너무 잘 살려고 하기 때
문이다.   - 『노자』, 75장

노자는 당시 상황을 전쟁에 끌려가 농사를 지을 수 없고, 그나마
지은 농산물도 세금으로 모두 빼앗겨 백성들은 죽음을 가볍게 여
기게 되었다고 보았다. 그런데도 위정자들은 아랑곳하지 않는다.
그래서 노자는 이들을 도적의 우두머리라고 한 것이다. "백성들의
논밭은 잡초만 무성하고 창고는 텅 비었는데, 위정자들은 깨끗한
조정에서 비단옷을 입고 날카로운 칼을 차고 물리도록 먹고도 재
화가 남아도니, 이들이 도적의 우두머리"(53장)라고 한다.

노자는 당시의 이러한 혼란은 바로 사를 천거하고 높이던 제도
에 있다고 보았다. 사 계급은 권력자들의 부국강병책에 필요한 이
론을 만들던 이데올로그였다. 노자는 이들이 전쟁을 부추기거나
백성의 삶을 피폐하게 만든다고 보았다. 그래서 사를 천거하던 제
도와 당시의 사 계급을 비판한다.

현명한 이를 숭상하지 말라. 그래야 백성들은 잘나 보이기 위해 서
로 다투지 않을 것이다. … 백성들로 하여금 무지무욕하게 하고, 저
지식 있는 자들이 백성에게 어떻게 하지 못하도록 하라. 백성들을

자연스럽게 살도록 내버려 두라. 그러면 다스려지지 않음이 없을 것
이다.   - 3장

사 계급이 관리가 되는 방법은 그가 현명하거나 능력이 있다거
나 재주가 있다는 것을 제후나 대부에게 유세하는 것이었다. 또한
당시에 서민 중에서도 현명하거나 능력이 있으면 천거하여 관리로
삼기도 하였다. 그러니 백성들은 현명한 이와 능력 있는 이를 숭상
하며 그들처럼 되고자 노력했다. 하지만 노자는 이것이 더욱 세상
을 혼란하게 하는 원인이라고 본다. 노자는 심지어 현명하고 능력
있는 자들이 백성에게 영향을 미치지 못하게 하라고 한다.
  "뛰어난 재주인 성과 지를 버리면 백성들의 이익은 백배가 되고,
훌륭한 행실인 인과 의를 버리면 백성들이 다시 효성스럽고 자애
로워진다. 위정자들이 기교를 끊고 이익을 버리면 도적들이 없어
진다"(19장)라거나 당시에 관리가 되기 위해 교육하던 것을 끊어
버리면(20장), 걱정할 것이 없다고 한다.
  장자는 노자보다 더 강도 높게 당시의 상황을 비판한다. "오늘날
형 집행으로 죽은 사람들이 서로 포개어 누워있고 형틀에 매인 사
람이 서로 의지해 있고 형을 주고받아 주살된 사람이 서로 얼굴을
마주하고 쌓여있는 연후에야 비로소 유가, 묵가가 이러한 질곡의
사이에서 기세부리기 시작했다. 아! 심하도다. 나는 성인의 지혜가
형벌의 도구를 낳게 한 근원이 아닌지 모르겠다. 인의가 질곡의 수

갑과 차꼬가 아닌지 모르겠다." 장자는 성인의 지혜가 형벌을 낳는 근원이고 인의가 손을 묶는 수갑이고 목을 옭아매는 차꼬라고 보았다. 백성들이 죽음에 내몰려 시체가 쌓인 곳을 당시의 사 계급인 유가와 묵가가 유세를 부리며 다닌다고 보았다. 그러니 당시의 사들이 주장하는 인의와 시비와 예라는 것은 사람의 본성을 해치고 사람의 마음을 미혹하게 하는 것으로, 백성의 처지에서는 자신들에게 가해지는 묵형이자 코 베는 형벌이었다. 노자는 당시의 종교였던 천, 사 계급이 지향했던 지식, 재주, 성과 지, 인과 의를 부정한다. 이러한 지식이 전쟁을 부추기고 백성들을 죽음으로 내몰고 있다고 본 것이다.

3. 도는 의지도 목적도 없는
   저절로 그러한 것이다

　이러한 상황들을 타개하는 방법은 당시의 사람들을 지배하고 있던 사유를 넘어서는 새로운 사유를 제시하는 것이다. 노자는 '도(道)'라는 개념을 재정의하는 방법으로 해결하고자 했다. 노자 당시에도 도라는 용어는 존재했다. 신앙 대상이었던 천에 대한 개념으로 천도가 있었으며, 『논어』에 보이듯이 공자도 도라는 용어는 사용하였다. 천도는 천체의 현상이나 인간사의 길흉화복을 주관하는 의지를 의미했다. 공자가 말한 도는 충서(忠恕)와 같은 당위를 의미하기도 했다.

　그러나 노자는 당시에 사용되는 도 개념을 넘어서, 사물의 존재 근거와 변화의 원리를 도에서 찾았다. 이러한 사상적 특징 때문에 장자를 포함한 노자사상을 도가라고 부르는 까닭이다. 노자가 제시한 도에는 크게 두 가지 의미가 있다. 첫째는 당시의 사람들이 일반적으로 신앙하던 천과 상제에 대한 의심과 부정으로 도를 제시하면서 새로운 철학을 연 것이다. 앞서도 언급하였지만 당시에 인격과 의지를 가진 천에 대한 의심과 회의는 싹텄었다. 그런데 노자는 천의 존재를 도의 하위에 두면서, 천이 의지를 갖추지도 인격도 가지지도 않은 것으로 치부해 버렸다. 더 나아가 도는 무위자연(無爲自然)한 속성을 가진 것으로, 어떤 목적이나 의지가 없는 것이라고 주장한다. 이는 상제, 천 신앙에 기초한 국가 사회적 규범들을 전면적으로 뒤엎는 시도이다. 둘째는 백성들을 내버려 두어도 저절로 다스려진다는 정치사상을 펼친 것이다. 다시 말해 무위정치를 주장한 것이다. 무위정치란 위정자가 인위적인 영향력을 가하지 않고 백성들에게 맡겨 둔다는 뜻이지만, 그래도 이루어지지 않는 일이 없다는 의미이다. 이는 무위자연한 도의 속성에 따라 정치를 하면, 백성들이 주체적이고 자발적으로 자신의 기본적인 욕구를 만족하면서 각자의 자유로운 본성을 이루게 된다는 의미이다.

우선 살펴볼 것은 도를 통한 기존의 사상 뒤엎기이다. "천지가 생기기 전부터 그 무언가가 혼돈 상태로 있었다. 그것은 고요하고 텅 빈 상태를 변함없이 유지하였다. 그것은 계속 운동하여 그침이 없다. 우리는 그것을 천하의 어머니라고 할 수 있지만 그 이름을 알 수 없어, 그냥 도라고 부르기로 한다."(『노자』, 25장) "(도는) 천지가 있기 이전인 그 옛날부터 본래 있었다. 귀신과 상제를 신령스럽게 하며 하늘과 땅을 나았다. 태극보다 앞에 놓여 있어도 높지 않고 육극보다 아래 놓여 있어도 깊지 않다. 천지에 앞서서 생겨났어도 오래되었다고 할 수 없으며 상고보다 오래 살았지만 늙었다고 할 수 없다."(『장자』, 「대종사」)

　도를 천지보다 시간적으로 앞선 존재이자, 이 세상의 존재 근거인 어머니라고 규정한 말은 당시의 천 신앙에 대한 전면적인 부정을 의미한다. 이러한 부정은 천이 인격과 의지를 가졌다는 당시의 관념을 부정하는 내용으로 이어져, "천지는 어질지 않아 만물을 제사 때 쓰고 버리는 풀강아지로 본다"(『노자』, 25장)하거나, "만물은 각기 다른 이치를 가지고 있지만 도는 그 중 어느 하나를 편애하지 않는다"(『장자』, 「측양」)라고 선언한다. 물론 도는 상제보다 앞선 존재이다.

　상제나 천은 의지를 가진 반면에 도는 의지나 목적을 가지고 만물을 생성하거나 전개하는 것이 아니다. "도는 만물을 생성하고도 소유하지 않고 만물을 이루어 주되 자랑하지 않으며, 자라게 하고도 주재하지 않는다."(『노자』, 51장) 그러니 "하늘은 낳으려 하지 않아도 만물은 스스로 생겨나며, 땅은 키우려 하지 않아도 만물은 스스로 자란다."(『장자』, 『천도』) 만물은 원래 스스로 변화한다. 그러므로 만물의 입장에서 "도가 귀한 이유는 남이 강요하는 것이 아니고 언제나 스스로 그러하게 내버려 두기 때문이다."(『노자』, 51장) 도는 만물에 간섭하거나 명령하는 존재가 아니라, 만물이 스스로 생장하고 발전하게 하는 것이다. 이 도의 작동 방식은 "항상 작위를 하지 않으면서도 이루지 않는 것이 없다."(38장)

　도의 작동 방식이 무위자연한 것이기 때문에 이를 현실정치에 적용하면 '무위정치'가 된다. 그런데도 당시의 정치는 인위적으로 진행되었다. 노자가 목격한 춘추 말기란 인위적으로 법령을 집행하고, 백성들을 동원하여 전쟁을 일으킨 최악의 상황이었다. 그러한 상황을 노자는 "천하를 취하여 그것을 인위로 다스리려 하는 것은 불가능한 일이라고 나는 본다. 천하란 신묘한 그릇이어서 인위로 다스릴 수가 없는 것이다. 인위로 다스리려는 자는 그것을 망치고, 거기에 집착하는 자는 그것을 잃을 것이다"(29장)라고 규정한다.

그런데 만약 도의 작동 방식인 무위자연을 따른 정치를 펼친다면 어떻게 될까. 아마도 백성들이 스스로 조화와 균형을 이룬 사회를 건설하지 않을까. 노자는 그렇다고 답한다. 왜냐하면 백성들은 스스로 그러한 힘인 덕을 가지고 있기에 "백성들은 누가 시키지 않아도 저절로 고루 다스려지게 된다."(32장) 이러한 도의 속성과 백성들의 덕을 이해한 군왕이라면, 어떨까. 아마도 그는 백성들이 가지고 있는 저절로 그러함과 스스로 그러함을 가장 잘 드러내게 하는 사람일 것이다. "군왕이 이러한 도를 지킬 수 있다면 만물은 스스로 생성화육할 것이다."(37장) 간섭하지 않고 명령하지 않으면 "모든 일들이 이루어지고 공이 나타나게 되는데, 백성들은 모두 다 자기가 스스로 그러했다[自然]고 말하게 된다."(17장)

백성들이 가지고 있는 스스로 그러함과 저절로 그러함은 군왕이 정치적 간섭을 최대한 배제하는데서 가능할 것이다. "그러므로 성인께서 말씀하셨다. 내가 무위하기 때문에 백성들은 저절로 교화되고, 내가 가만히 있는 것을 좋아하기 때문에 백성들은 저절로 올바르게 되고, 내가 아무 일도 안 하므로 백성들은 저절로 부유해지고, 내가 욕심이 없기에 백성들은 저절로 소박해진다.”(57장) 만약 위정자들의 정치적 간섭을 최대한 배제할 수 있다면, 자연의 치유능력은 백성들이 받은 인위적인 질곡을 치유한다. 왜냐하면 자연은 자율적이고 자족적인 속성을 갖기 때문이다. “대저 본성을 따라 곧바로 가는 것은 자연의 속성이다. … 본성이 손상되었지만, 고칠 수 있는 것도 자연의 속성이다. 자신의 자연적 속성이 마땅히 묵형을 지우고 코를 붙일 것”[6]이기 때문이다.

결국 노자의 도는 스스로 그러한 것이자 저절로 그러한 것이다. 노자가 “도는 스스로 그러함을 본받는다”(25장)고 할 때, 스스로 그러함이 도의 속성인 것이다. 여기서 ‘자연’은 대상 세계로서의 자연을 의미하지 않는다. 여기서 자연이란 스스로 그러함, 저절로 그러함이라는 의미이다. 저절로 그러함과 스스로 그러함이라고 자연을 이해하면, 자연은 변화와 행위의 원인을 자신이 갖는, 다시 말해 ‘자기이연(自己而然)’과 ‘자기이유(自己而由)’로 해석된다. ‘자기로부터 그러한’, ‘자기로부터 말미암는’이라는 의미이다. 이러한 해석은 철학적으로 자유(freedom)의 의미와 동일하다. 자유는

---

6. 『장자』 「대종사」에 붙인 곽상의 주.

그 동인이 타자에 있는 것이 아니라 자신에게 있는 것으로, 개개의 존재자가 자발적이고 자율적으로 존재하며 변화한다는 의미이다. 개개의 존재자가 자신에 내재하는 어떤 힘과 능력에 따라 자신의 삶을 주체적으로 살아가게 마련이라는 의미이다. 이렇게 노자의 도를 읽어내면, 노자의 도는 다른 존재에 힘을 빌리지 않고 자신의 삶을 주체적으로 영위하는 것이 된다. 이러한 주체적 존재들이 모여 만든 공동체는 자발적인 참여를 통해 저절로 다스려진 이상사회가 될 것이다. 다시 말해 노자의 도가 가진 자연이라는 속성은 모든 존재의 주체성을 인정하는 것이자, 자율성을 인정하는 자유의 철학이자 자유의 정치철학이 된다.

4. 노자와 장자, 신이 되다

노자의 사상과 도 개념은 동아시아 문화에서 도교[7]라는 종교로

---

7. 도교는 고대사회의 원시 종교에서 발전된 것으로 하늘과 산천에 제사 지내는
제사 의례와 무속 성격에 기초한다. 본격적으로 도교가 형성된 것은 동한 시
기이다. 제사 의례와 무속적 성격의 기초 위에 당시에 성행한 신선사상과 노
자신앙을 받아들여 교단을 형성하기 시작했다. 불교가 중국에 전래된 후에는
불교의 종교적 의례나 형식을 흡수하여 종교적 의식의 틀을 갖추고 신학적
체계도 정비한다. 도교를 구성하는 성격이 워낙 잡다해서 원대 시기의 마서
림이라는 학자는 잡이다단(雜而多端)이라고 표현했다.
　도교에는 무속적인 요소, 민간신앙의 여러 신들, 노자의 철학사상, 천문학,
의학, 약학, 광물학, 식물학, 인체학 등 다양한 학문적 요소가 들어 있다. 그
래서 영국의 과학사 학자인 조셉 니담은 동양의 과학적 사유는 온전히 도교
에 들어 있다고 하였다. 또한 도교가 중국의 역사와 문화에서 미친 영향이 워
낙 지대해, 문학, 예술, 소설, 희곡, 회화, 음악, 무술 등에 영향을 미치지 않
은 곳이 없다. 그리고 중국 왕조의 변천에도 도교의 교단이 밀접하게 관련되
어 있어, 루쉰은 중국 역사를 온전히 이해하려면 도교에 대한 이해를 온전히
해야만 한다고 말하기도 하였다.
　어쨌든 도교는 도를 신앙하는 종교이고, 그 목적은 불사를 넘어 신선이 되는
것을 목적으로 한다. 신선을 목적으로 하기에 다양한 종교적 의례와 실천, 수
련을 통해 신선의 세계에 도달하려고 한다.

발전한다. 한대에 민간에서 도교라는 교단이 형성될 때, 그 처음부터 노자는 '태상노군'이라는 신격으로 신봉되고, 『노자』라는 책은 오두미도에서 종교적으로 해석되어 『노자상이주』라는 경전이 된다.

　노자가 도교에서 주요한 신이 되고, 『노자』라는 책이 도교에서 주요한 경전으로 받들어지는 것은 그들의 사상 때문이다. 진나라 말기부터 한나라 초기까지 지속되는 전쟁으로 경제와 사회구조는 파탄의 지경에 이르렀다. 이러한 상황에서 한나라 초기의 통치자는 황로사상을 채택하여 '여민휴식(與民休息)'의 정책을 취한다. 여기서 황로사상은 황제와 노자의 사상을 의미한다. 황로사상은 그 핵심 내용이 '내가 무위하기 때문에 백성들은 저절로 교화되고, 내가 가만히 있는 것을 좋아하기 때문에 백성들은 저절로 올바르게 되고, 내가 아무 일도 안하기 때문에 백성들은 저절로 부유해지고, 내가 욕심이 없기에 백성들은 저절로 소박해진다'라는 무위정치를 핵심으로 하는 것이었다. 이것이 백성과 함께 쉰다라는 '여민휴식'라는 정책으로 이어져, 법령을 줄이고 세금을 줄이며 백성들이 스스로 삶을 영위하면서 공동체를 재건하게 만든 것이다. 한나라 초기의 여민휴식 정책은 백성들의 삶을 부유하게 만들고 국가의 재정을 튼튼하게 만든 '문경지치(文景之治)'[8]를 이룬다. 이 시

---

8. 한나라 문제와 경제 사이의 6, 70년간의 태평성대를 『사기』에서는 '문경지치'

기 백성들의 창고에는 곡식이 가득하고 백성들은 대부분 말을 타고 다녔으며, 국가의 창고에는 세금으로 받은 곡식이 썩을 정도로 넘쳐났다고 한다.

하지만 동한 시기에 접어들면서 독존유술(獨尊儒術)[9]이 국가의 이념이 되면서, 부국강병책과 영토 확장을 위한 오랑캐들과 전쟁이 지속해서 이어진다. 지속된 전쟁으로 민중의 삶은 다시 고통 속으로 빠져든다. 백성들은 송곳을 꽂을 땅도 없으며, 개돼지가 먹는 음식을 먹으며, 길거리에 시체가 줄지어 늘어있는 상황이 되었다. 하층민중은 감당할 수 없는 생활의 곤란함으로 귀족 통치자들에 대해 증오하는 한편, '문경지치'를 기억하면서 노자의 사상에서 자신들의 처지를 대변할 내용을 찾았다. 동한 말기의 민중들은 노자의 사상에서 평등과 자유의 사상을 찾았는데, 이러한 사상이 도교의 형성에 주요한 밑거름이 되었다. 결국 노자 사상에서 그리는 세상과 그 세상이 잠시라도 구현되었던 문경지치의 기억들이 한나라 왕조를 뒤엎을 종교로, 소국과민이라는 종교적 공동체로 드러나게 된다. 이것이 동한 말기에 교단화된 도교가 탄생하게 한 배경이다.

라고 한다. 한나라 초기의 이 시기에는 형벌과 세금을 줄이고, 백성과 함께 쉰다는 여민휴식의 정책을 펼쳤었다.

9. 한 무제가 오직 유학만을 국가의 학문으로 인정하고 다른 사상들을 배척한 정책을 말한다.

동한 말기에 탄생한 도교는 태평도[10]이든 천사도[11]이든 모두 노자를 존중하면서 노자의 사상을 자신들의 교단에 주요한 신앙적 배경으로 사용하였다. 태평도부터 살펴보자. 태평도가 태평의 시대의 군주를 묘사한 내용은 바로 노자의 무위정치를 행하는 군주와 같다. 완벽한 정부는 사람들이 천자의 존재를 알지 못한 채 무위, 자연 그리고 도를 따라 통치하는 것이다. 아마도 이러한 노자의 무위정치가 실제로 시행된 경험은 문경지치에 해당할 것이다. 이러한 노자의 사상과 문경지치의 경험들이 태평도에 주요한 신학적 배경이 되었을 것이다. 그래서 그들은 그러한 세상을 만들기 위해 교단 조직을 군사조직을 구성하고, 반란을 구체적으로 계획했었다. 천사도 역시 『태평경』을 주요한 경전을 삼았다. 하지만 교도들 사이에서는 『노자』가 핵심경전으로 통용되었다. 천사도들은 그들의 신도들에게 『노자』를 강습하고 그것을 계율로 삼아 생활하도록 하였다. 그러한 결과 『노자상이주』라는 신학적으로 해석된 『노

---

10. 태평도는 중국에서 후한 말기에 생겨난 최초의 도교 교단이다. 2세기에 장각(張角)이 창시하였다. 『태평청령서』를 경전으로 삼고, 병의 치유와 함께 태평세(太平世)의 초래를 교법의 중심으로 하였다.

11. 천사도는 태평도와 함께 가장 이른 시기에 나타난 도교의 종교 교단이다. 2세기 전반 후한 말기에 장릉(張陵)이 사천성에서 창시하였다. 입도자에게 다섯 말의 쌀을 바치게 한 데서 오두미교(五斗米教)라는 명칭이 비롯되었다. 창시자인 장릉을 천사(天師)로 숭배하여 천사교·천사도라고도 불렀다.

자』를 만들어 냈다. 이들은 노자의 사상에 따라 이상사회인 소국과민의 공동체를 실지로 형성했었다.

이러한 내용들이 노자사상을 신학의 토대로 삼은 것이라면, 노자가 신으로 숭배되기도 한다. 노자의 도는 우주 만물의 근원자이자 만물의 생성과 발전에 관여하면서도 그 존재가 신비에 휩싸여 있기 때문에 종교적으로 해석될 여지가 있었다. 또한 도를 표현한 언설들이 신비적인 요소가 많아 종교적 해석의 여지는 충분했다. 가령 『노자』는 "곡신의 죽지 않으니 이를 일러 현빈(玄牝)[12]이라 하고, 현빈의 문을 일러 천지의 뿌리"(6장)라고 하거나, "그러므로 능히 오래 산다"(7장)라고 하거나, '장생구시의 도'[13]를 언급했다. 이러한 내용들이 천사도에 의해 종교적으로 재해석되었다.

천사도의 『노자상이주』[14]에는 "도는 지극히 존귀하고 미미하며 형상이 없는 것이다. 단지 도의 계율을 통해 알 수 있는 것이지 보아서 알 수 없는 것"이라고 하였다. 또한 "일이 형상을 흩으면 기가 되고 형상을 모으면 태상노군이 되어 항상 곤륜산을 다스린

---

12. 현빈은 인체 속에 있는 어떤 구멍이다. 이 구멍을 통해 천지의 기와 인체가 소통한다고 본다.
13. 『노자』, 59장. '장생'이란 죽지 않고 오래 사는 것을 의미하고, '구시'란 장생을 위한 다양한 양생수련법을 의미한다. 이 수련법에는 도인술, 체조, 호흡술, 명상술뿐만 아니라 불사약인 금단 제조까지 포함된다.
14. 천사도의 경전으로 노자를 종교 신학적으로 해석한 책이다.

다."라고 해석한다. 천사도는 노자의 도를 그들의 종교적 계율을 통해서 알 수 있는 것이라고 해석하면서도, 도에서 생성된 일은 기로서 모아져 있다가 흩어져 형상을 이루고, 이 형상을 다시 모으면 노자 즉 태상노군이 된다고 보았다. 오두미도의 노자와 그의 도에 대한 종교적 해석은 이후 도교사에서 지속해서 신앙의 대상이 되면서 주요한 경전으로 사용된다.

남북조 시기가 되면서 도 자체가 신격을 갖게 된다. 도군(道君), 태상도군과 같은 명칭으로 도는 지상신이 되어 도교의 문헌에 등장한다. 다른 하나는 도를 기(氣)로 정의하는 사유가 나타난다는 점이다. 동진 시기에 도와 원기[15]를 동일한 것으로 보기 시작하면서 원기를 호흡하거나 존사[16]하는 수련법으로 발전한다. 이러한 도에 대한 다양한 해석은 그 시초를 오두미도에 두어야 할 것이다. 지금도 중국인들의 사유에서는 노자가 신이 된 태상노군, 즉 도덕천존은 대중들로부터 가장 사랑받는 신이 되었고, 태상노군이 기로 변화하여 만물을 생성한다는 사유는 도교의 다양한 종파에서도 일반적으로 받아들이는 신학 체계를 형성한다.

---

15. 도교의 관점에서 원기(元氣)는 우주만물의 근원자이다. 원기가 분산되어 개체 생명이 이루어진다고 본다. 원기를 도로 보기도 한다.
16. 존사는 도교의 수련법으로 몸속에 각 장기마다 신이 있고, 이 신을 관념적으로 생각하면서 정신을 집중하는 수련법이다.

5. 태평세상을 여는 두 가지 방법

그렇다면 초기 도교가 그리는 태평 세상은 어떠했을까? 태평도와 천사도로 구분해서 살펴보자. 도교사에서는 태평도와 천사도가 거의 동시에 출현했다고 본다. 다만 태평도가 조금 시기적으로 앞선다고 본다. 태평도는 황로도를 신봉하는 거록 땅의 장각(?~184)이 동한 영제 때 창건하였다고 한다. 그들은 『태평경』을 신봉하였기 때문에 태평도라고 불렸다. 그들이 주신으로 신봉하는 신은 "중황태을(中黃太乙)"이다. 그들은 부수치병을 통해 전도를 하였는데, 그 방법은 병자를 무릎 꿇게 하고 자신의 죄를 고백하고 부적을 태운 물을 마시게 하며, 주문을 외워 병을 낫게 한 것이다. 이러한 치병을 통한 전도로 10여 년 만에 수십만의 신도를 모았다. 이들이 교단 조직은 군대의 조직과 같았다. 장각은 천공장군(天公將軍), 두 동생인 장보와 장량은 지공장군(地公將軍)과 인공장군(人公將軍)으로 부르고, 36개 지역에 방(方) 조직을 두었다. 방 조직은 나라 중심에서 각 지역의 군에 이르는 거대한 연결체계를 갖춘 것이었다. 방 조직은 대방과 소방으로 나뉘는데, 대방은 그 인원이 1만명이 넘고, 소방은 6,7천 명으로 구성되었다. 각 방은 거수(渠帥)에 의해 통솔되었다.

이러한 방 조직은 종교의 교구이자 군사조직이었다. 이들은 한 나라를 무너뜨리고 새로운 이상 국가를 세우는 것이 목표였다. 그 래서 그들은 거사를 앞두고 경성과 주, 군, 현의 관청 문에 흰 흙으로 "갑자(甲子)"라는 글자를 써 두고 "파란 하늘은 이미 죽었다. 황천이 마땅히 서야 한다. 때는 갑자이나 천하가 크게 길하리라.(蒼 天已死, 黃天當立, 歲在甲子, 天下大吉)"이라는 유언비어를 퍼 뜨렸다. 여기서 창천이 의미하는 것은 임금을 세우고 그에게 통지의 권력, 즉 군권을 주는 상제이자, 천신을 의미한다. 그러니까 상제로부터 군권을 받은 한나라 왕조를 직접적으로 지적한 말이다. 그리고 황천이 의미하는 것은 태평도가 신앙하던 신이다. 황로사상으로부터 만들어진 신으로, 통치자를 위한 신이 아니라 민중들이 신이다. 그렇다면 황천이 마땅히 서야 한다는 것은 황로도의 세상이 세워져야 한다는 의미이다. 때가 갑자라는 것은 60갑자에서 갑자는 새로운 출발, 시간적으로 새 시대를 의미한다. 새 세상이 개벽되었음을 말하는 것이다. 이제, 앞에서 언급한 중황태을의 의미와 결합해 보자. 먼저 태을은 북극성을 의미할 수도 있고, 태일을 의미할 수도 있다. 북극성이든 태일이든 모두 원기 혹은 중화의 기를 의미한다. 이 원기, 중화의 기는 노자가 말한 도를 의미한다. 그리고 중황 역시 황로도를 의미한다. 그렇다면 민중들의 삶을 도

탄에 빠뜨린 한나라를 부정하면서 황로도의 세상을 구현하자는 의미로 읽을 수 있다. 그렇기 때문에 국가의 창고에 들어 있는 재물도 필요한 민중들이 가져다 쓸 수 있으며, 부자들의 창고에 있는 재물도 필요한 사람이면 누구나 가져갈 수 있는 것으로 보았다. 천지의 재물이란 원기 혹은 중화의 기가 소유한 것이고, 사람들이 공동으로 기른 것이기 때문이다. 『태평경』의 내용을 조금 옮겨 보자.

재물은 곧 천지와 중화가 소유하는 것으로써, 공동으로 사람을 기르는 것이기 때문이다. 이 집은 단지 우연히 모아 둘 곳을 마련한 곳으로, 비유하자면 마치 창고 안의 쥐는 항상 혼자서 충분히 먹지만 이 큰 창고의 곡식은 본래 그 쥐 혼자만의 소유가 아닌 것과 같다. 나라 창고의 돈과 재물은 본래 오로지 한 사람만을 부양하는 것이 아니라, 부족한 자들 모두가 당연히 그곳에서 취하는 것이다. 어리석은 사람은 무지해서 마침내 예로부터 홀로 그 재물을 당연히 자기가 소유하는 것이라 생각하며, 그것이 바로 만 호의 가정이 (재물을) 옮겨 맡겨 둔 곳으로 모두 마땅히 여기에서 입고 먹는 것을 얻어야 한다는 것을 알지 못한다.[17]

---

17. 『태평경』제67권「六罪十治訣」, "或有遇得善富地, 并得天地中和之財, 積之迺億億萬種, 珍物金銀億萬, 反封藏逃匿於幽室, 令皆腐涂. 見人窮困往求, 罵詈不予. …與天為怨, 與地為咎, 與人為大仇, 百神憎之. 所以然者, 此財物迺天地中和所有, 以共養人也. 此家但遇得其聚處, 比若倉中之鼠,

천사도는 조금 다른 방식으로 이상사회를 구현했다. 이들은 군사적 교구를 형성하지 않았다. 이들은 정치와 종교를 일치시킨 조직을 구성하였다. 이들 역시 부수치병으로 신도를 모았다. 이들은 신도들에게 쌀 다섯 되, 신미(信米)를 받는 조건으로 신도를 받아들였다. 그래서 오두미도라는 이름으로도 불린다. 천사도는 장릉(張陵)이 개창하였고, 손자이자 제3대 교주 장로(張魯)에 와서 오두미도의 조직과 체제가 완성되었다. 장로는 한말의 혼란을 틈타 한중(漢中, 지금의 산서성 부근)을 점거하고 제정일치(祭政一致)의 이상사회를 건설하였는데, 정부에서도 결국 그를 인정하여 한녕태수를 맡겼다.[18] 건안20년(215년) 조조가 군대를 이끌고 한중에 들어왔을 때, 쫓겨 도망가면서 보물이 들어 있던 창고의 문 위에 "국가의 것이다"라고 써서 봉인하여 아무도 손을 못 대게 했다는 일화는 매우 유명하다.

이들은 24치를 두었다. 각 치의 조직은 평신도인 귀졸(鬼卒, 도

常獨足食, 此大倉之粟, 本非獨鼠有也. 少內之錢財, 本非獨以給一人也. 其有不足者, 悉當從其取也. 愚人無知, 以為終古獨當有之, 不知逼萬尸之委輸, 皆當得衣食於是也. 愛之反常怒喜, 不肯力以周窮救急, 令使萬家之絕, 春無以種, 秋無以收, 其冤結悉仰呼天. 天為之感, 地為之動, 不助君子周窮救急, 為天地之間大不仁人."

18. 『삼국지』「魏志」, "據漢中以鬼道教民, …漢末力不能征, 遂就寵魯為鎭民中郎將領漢寧太守通貢獻而已."

를 믿는 사람)이 있고, 귀졸들을 통솔하는 좨주(祭酒)가 있다. 좨주는 귀리(鬼吏)좨주와 간령(奸令)좨주로 구분되는데, 귀리좨주는 신도들의 치병과 기도를 담당하고, 간령좨주는 노자를 강의를 담당했다. 또한 이들은 의사(義舍)를 세우고 관리했다. 좨주의 위에는 수령(首領)이 있었다. 수령은 좨주를 통솔했다. 그리고 수령을 통솔하는 치두(治頭)좨주가 있었으며, 이들의 위에는 가장 높은 지위인 사군(師君)이 있었다.

이들이 종교 활동에서 가장 주목할 것은 '의사(義舍)'에 관한 것이다. 앞에서 언급하였듯이 좨주는 도로의 여러 곳에 의사라는 일종의 무료 숙박소를 설치하고 거기에 쌀과 고기를 비치하여 각각 의미(義米), 의육(義肉)이라 하고 나그네나 굶주린 자 모두 배불리 먹을 수 있도록 하는 것이 임무 중에 하나였다.

여러 좨주들은 모두 의사義舍를 설치했는데 마치 지금의 정전亭傳 (공문서를 전달하는 사람들이 묵어가는 숙박소)와 같다. 또 의미義 米과 의육義肉를 마련하여 의사義舍에 비치해 둔다. 길을 가는 사람들은 배고픈 정도에 따라 마음껏 취하는데, 만일 지나치게 많으면 귀신이 그를 병나게 한다.[19]

---

19. 『삼국지』 「魏志」, "諸祭酒皆作義舍, 如今之亭傳. 又置義米肉, 懸於義舍. 行路者量腹取足, 若過多, 鬼道輒病之."

이 독특한 '의사義舍'제도에 관해서는 여러 가지로 의견이 분분하다. 쿠보 노리따다(窪 德忠)는 무료 숙박소이면서 일종의 작은 교회당 같은 기능도 했을 것이라고 보았고,[20] 오승훈은 여행자 혹은 병자를 위해 음식과 진료를 제공했던 티베트의 구호소 습속의 영향일 것이라고 추측하면서 이와 유사한 기록을 『태평경』에서[21] 찾아보기도 한다.[22] 또 박건주는 정전(亭傳)에 대해 진한의 우역(郵驛)제도에 대해 『한서』나 『후한서』를 통해 리(里)의 구역별로 숙박업을 중심으로 하면서 곳에 따라서는 의약(醫藥)이나 칠공(漆工)의 일도 보는 유료 영업시설인 이사(里舍)가 있었음을 고증하면서, 천사도의 의사(義舍)는 이것을 무료의 봉사시설로 만든 것이라고 하였다. 또한 그는 『주례(周禮)』 「지관(地官)」에 기록된 사도(司徒) 관직 아래, 유인(遺人)의 직책에서[23] 의사의 기원을 찾으며, 장로(張魯)가 확립한 의사는 이러한 제도에 영향받은 것이라

---

20. 쿠보 노리따다, 최준식 옮김, 『도교사』, p.133
21. 『태평경합교』 제88권 제129 「作來善宅法」: 敕州郡下及四境遠方縣邑鄉部, 宜各作一善好宅於都市四達大道之上也.
22. 오상훈, 『중국도교사론 I : 중국 고대 도교의 민중적 전개』, 이론과실천, 1997., pp.66~67.
23. 『周禮』 「地官」 「司徒下」, "凡賓客會同師役掌其道路之委積. 凡國野之道, 十里有廬, 廬有飲食, 三十里有宿, 宿有路室, 路室有委, 五十里有市, 市有候館, 候館有積."

고 보았다.[24]

이 글에서 의사(義舍)와 관련하여 주목하고자 하는 것은 두 가지 측면이다. 첫째, 음식과 주거지에 대한 '공공성'의 인식이다. 쿠보 노리따다가[25] 지적했듯이 태평도와 오두미도가 생겨난 가장 큰 사회적 원인은 정치적 혼란과 함께 당시 촌락공동체의 붕괴이다. 특히 오두미도의 근거지였던 파군(巴郡)과 한중(漢中)지역은 관중(關中)과 관동(關東)의 난민들이 대거 사천지역으로 몰려오는 관문이었고, 한수(韓遂)와 마초(馬超)의 난으로 관서(關西)의 피난민 수만가(數萬家)가 몰려온 지역이었다.[26]

즉 토지를 잃고 가족 단위 이상으로 떠돌게 된 유랑민들이 급증하게 되었는데, 이들은 길에서 죽게 되거나 혹은 도적이 될, 문자 그대로 긴급구호emergency relief가 요청되는 처지에 놓여 있었다. 그리고 이들에게 음식과 주거지를 무료로 제공했던 의사는 이들을 위한 긴급구제책의 역할을 충분히 수행할 수 있었다.

어쨌든 천사도가 관할하였던 지역은 후한 시기의 혼란한 반란과 전쟁 속에서도 매우 평화롭고도 안정된 사회였다. 천사도의 관할지역에 유랑민이 유입되면 그들은 의사에 거처하다가 종교적 의

---

24. 박건주, 「秦漢의 사회보장제도와 태평도」, 『역사학연구』 제44집, pp.294~296
25. 쿠보 노리따다, 최준식 옮김, p.121 참조
26. 박건주, 「秦漢의 사회보장제도와 태평도」, 『역사학연구』 제44집, p.296

식을 치르고 교도가 되어 공동체 생활을 하면서 자신들의 능력에 맞는 삶을 살았다. 천사도가 이러한 종교적 공동체를 건설한 것은 적어도 노자의 사유에서 확인할 수 있는 이상사회를 지향한 것으로 볼 수 있다. 노자의 사유에서 보이는 이상사회란 초기 도교에서는 '태평한 세상'이다. 『태평경』에서는 태평한 세상을 다음과 같이 설명한다.

'태(太)'는 크다는 의미이고, 하늘처럼 위대한 행위를 쌓는 것을 말한다. …'평(平)'은 그 다스림이 크게 공평하여[太平均], 모든 일이 잘 다스려지고, 다시는 사적인 이익을 탐하는 일이 일어나지 않는 것을 의미한다. '평'은 비유하자면 땅이 아래에 있으면서 공평한 임무를 잘 수행하고 있는 것과 같다. 땅이 공평한 임무를 수행하는 것은 비유하자면 사람이 선한 씨앗을 뿌리면 선한 결과를 얻고 악한 씨앗을 뿌리면 악한 결과를 얻고, 사람이 농사를 지을 때 마음을 쏟고 큰 노력을 기울이면 수확물의 질이 좋고 양이 많게 되며, 사람이 농사를 지을 때 어영부영하면서 힘쓰지 않으면 수확물의 질이 떨어지고 양이 적게 되는 것과 같다. '기'란 천기(天氣)가 아래쪽으로 만물을 낳는 것을 기뻐하고, 지기(地氣)는 위쪽으로 기르는 것을 즐거워한다는 것을 말한다. …중화의 기와 더불어 세 기가 하나로 합해져 모든 사물을 기른다. …'태(太)'는 크다는 뜻이고, '평(平)'은 올바르다는 뜻이고[正], '기(氣)'는 융통과 화합으로써 만물을 기르는 일을 말는 것을 뜻한다. 이 법칙을 얻어서 다스리는 데 적용하면 태평하고 화합할 것이며, 또 매우 공정해질 것이다[大正]. 그래서 태평의 기가 최고라고 말하는 것이다.[27]

초기의 두 도교 교단은 노자의 사상을 다른 각도에서 실천했다고 볼 수 있다. 태평도의 경우는 군대조직과 종교조직을 일치시킴으로써 무력에 의한 새 세상 세우기였다면, 천사도는 종교와 정치를 일치시킨 종교적 공동체를 형성함으로써 노자의 사상을 실천한 것으로 볼 수 있다.

도교가 갖고 있는 여러 성격 중에서 민중성의 성격은 노자 사상과 밀접해 보인다. 적어도 초기 도교가 교단화할 때, 그들의 종교적 지향에서는 노자가 그리는 이상사회가 반영되어 있었다. 이것이 노자 스스로 사(士)가 되길 거부하고, 춘추전국 시기의 사 계급과 위정자들을 비판하면서 소국과민의 이상사회를 꿈꾸고, 민중들

---

27. 『태평경합교』 제48권 제65 「三合相通訣」, "願聞其太平氣之字." "太者, 大也, 乃言其積大行如天…平者, 乃言其治太平均, 凡事悉理, 無復奸私也. 平者, 比若地居下, 主執平也. 地之執平也, 比若人種善得善, 種惡得惡, 人與之善, 用力多, 其物子好善. 人與之鮮鮮, 其物惡也. 氣者, 乃言天氣悅喜下生, 地氣順喜上養.…與中和氣三合, 共養凡物. 三氣相愛相通, 無復有害者. 太者, 大也. 平者, 正也. 氣者, 主養以通和也. 得此以治, 太平而和, 且大正也, 故言太平氣至也."

을 위한 정치비판을 서슴지 않았기에 민중들의 마음속에 깊이 뿌리내리고 있었던 것으로 보인다. 이러한 노장의 사상이 한나라 말기 최악의 삶을 살던 민중에서 이상사회의 바람으로 되살아난 것으로 보인다. 또한 노자가 현재까지도 가장 사랑받는 도교의 신인 이유도 그러한 의식이 면면히 이어져 온 것으로 볼 수 있다.

참고문헌

『도덕경』

『장자』

顧寶田, 張忠利 注譯, 傅武光 校閱, 『老子想爾注』, 三民書局印行, 民國91.

王明編, 『太平經合校』, 中華書局, 1997.

『논어』

『맹자』

『예기』

『효경』

『漢書』

쿠보 노리따다 지음, 최준식 옮김, 『도교사』, 분도출판사, 1990.

奧崎 裕司, 「民衆道教」, 『道教2, 道教の展開』, 平河出版社, 1983.

蕭登福, 『讖緯與道教』, 文津出版社, 2000.

오상훈, 『중국도교사론 I : 중국 고대 도교의 민중적 전개』, 이론과실천, 1997.

윤찬원 저, 『도교철학의 이해』, 돌베개, 1998.

홈스 웰치, 안나 자이델 편저, 윤찬원 옮김, 『도교의 세계−철학, 과학, 그리고
종교』, 사회평론, 2002.

김백희, 「초기도교의 사유방식1:『老子想爾注』」, 동서철학연구 제40호, 2006.

김형석, 「도교사상에서 본 복지 −초기 도교를 중심으로−」, 동양철학연구 77권,
2014.

박건주, 「秦漢의 사회보장제도와 태평도」, 『역사학연구』 제44집, 2011.

서대원, 「漢初 '與民休息' 小考 : 黃老學 性格 規定의 일환으로」, 도교문화연구
제37집, 2012.

이봉호, 「『老子想爾注』의 世間僞伎와 結精成神」, 도교문화연구 제30집, 2009.

이석명, 「『老子想爾注』를 통해 본 노자사상의 종교화작업」, 동양철학 27권,
2007.

맺음말

 이 책은 "노자의 '무명(無名)'과 '소국과민(小國寡民)'을 어떻게 볼 것인가"라는 질문을 중심으로 쓴 몇 편의 글을 엮은 것이다. 예 악이 붕괴되어 천하에 도가 없는 시대(禮樂崩壞, 天下無道: 공자) 에 새로운 제도와 규범을 모색하던 사상의 실천에서, 춘추로부터 서한 시기에 이르는 긴 기간 동안 혼란을 극복하고 안정을 추구하 는 정치적 행위에서 노자의 도와 무명은 지속적으로 소환되어 해 석되었다.

 춘추로부터 한나라에 의해 천하가 안정되기까지 천하는 예와 법 을 대신할 새로운 질서와 규범을 찾기 위한 긴 여정을 지내왔다. 이 여정을 중국 철학사에서는 '변법(變法)'이라는 용어로 포괄한 다. 이 변법에는 정치적, 경제적 변화와 그 변화에 맞는 사상적 흐 름을 포괄한다. 사상적 흐름에는 한비자(韓非子)를 중심으로 한 법가(法家)사상과 황로학(黃老學)의 형명론(刑名論)을 포함한다. 이러한 변법의 흐름에서 노자의 도와 무명은 늘 소환되고, 법의 근 거가 되며 형명의 원리로 해석되어 왔다. 그렇다면 질문을 던져 보

자. 왜 노자의 도와 무명은 긴 기간 동안 끊임없이 소환되며 변용되어 사용되었는가. 그 이유는 무엇인가. 이에 대한 탐구로 '무명'에 대한 글을 철학적으로 분석하여 묶은 것이다. 본문이 논문 형식의 논증을 띤 글이라서 배경이 되는 정보와 지식을 충분히 서술하지 못했다. 맺음말에서 배경이 되는 정보와 지식의 편린들을 소제목으로 정리해 덧붙인다.

• 예(禮)

춘추 이전에는 예(禮)를 기초로 한 천자국과 제후국의 위계, 예를 기초로 한 계급과 신분 차등, 예를 기초로 한 군대 편제의 구별, 예를 기초로 한 토지에 대한 수조권(收租權)의 등급이 천자를 정점으로 거대한 위계의 그물을 드리우고 있었다. 이를 C. 레비-스트로스는 문자가 출현하면서 도시와 제국이 형성되는데, 개인들은 하나의 정치체계 속에 통합되고, 이 개인들이 계급과 위계 가운데로 배분되는데, 이러한 현상은 중국에서 발견되는 것이라고 하였다.

예란 나누어 분별하는 것보다 큰 것이 없다. 예란 귀한 이와 천한 이를 분별하고, 친한 이와 소원한 이를 차례 매기며, 여러 대중을 재단하며 여러 일들을 제재하는 것이다.(夫禮者, 莫大於分也, 夫禮辨貴賤, 序親疏, 載群物, 制庶事也.)

이러한 위계의 그물 중심점은 천자(天子)이다. 천자는 자신을 중심으로 귀천(貴賤)과 친소(親疏)를 나누고 분별하여 품계를 내려주며 차례 매기고, 대중을 분류하고 일들을 재단했다. 천자가 자신을 중심으로 사람들을 나누고, 분별하며, 차례 매기고, 분류하고 재단하는 것, 이것이 예이다. 천자는 친소와 귀천을 기준으로 공작(公爵), 후작(侯爵), 백작(伯爵), 자작(子爵), 남작(南爵)이라는 품계를 부여하며 그들에게 봉토를 내려주었다. 이들은 제후국의 군주가 되어 자신을 기준으로 친소와 귀천을 구분하여 대부(大夫)와 사(士)라는 계급 품계를 내려주었다.

천자는 6군단 체제의 군대 편제를 갖추고, 공작의 품계를 받은 제후국은 3군단 체제, 공작 이하 품계의 제후국은 2군단 체제를 갖추게 하였다. 천자국과 제후국은 정전제(井田制)를 통해 대부들에게 일정한 농토에서 수조권(收租權)을 인정해 준다. 대부는 공전(公田)의 수확물을 공실(公室)에 바치고 사전(私田)에는 수조권을 행사하여 계급 신분을 유지했다. 대부의 가신 역할을 하며 대부의 공무와 농사일을 전담하던 이들이 사(士) 계급이다. 이러한 시스템은 천자를 기준으로 하는 위계의 그물망이다. 이것이 예다.

• 법(法)

예(禮)와 악(樂)은 인(人)을 대상으로 하는 규범의 체계이다. 인(人)이란 분류는 천자 이하 사(士) 계급만 해당한다. 인(人)에 대척

점에는 민(民)이 있다. 이들은 예악과 무관한 존재들이다. 그들에게는 규범으로서 법(法)과 처벌의 형태로서 형명(刑名)만이 적용된다. 그들은 통치의 대상이기 때문이다. 그래서 주공(周公)은 "예는 아래로 서인에게 이르지 않으며, 법은 위로 대부에 이르지 않는다.(禮不下庶人, 刑不上大夫.)"라고 규정하였다. 이에 대해 "예는 위로 천자로부터 제후에 이르고, 아래로는 대부와 사에 이르러 그친다. 민은 예에 참여할 수 없다. 이것이 예가 아래로 서인에 미치지 않는다는 의미이다.(上自天子諸侯, 下至大夫士止, 民無與焉, 所謂禮不下庶人, 是也.)"라고 주석하고 있다.

예법(禮法)이라는 말은 주나라 시기에서 춘추시대에는 통용되지 않은 말이다. 인과 민을 동등한 존재로, 하나로 묶을 수 없기 때문이다. 인에 해당하는 예악(禮樂)과 민에 해당하는 형명(刑名)은 전혀 다른 용어였다. 공자가 인(人)과 인(仁)을 연용하고, 예(禮)와 악(樂)을 연용하지만, 민을 언급하지 않거나 법을 언급하지 않은 것에서도 확인할 수 있다.

• 공자와 정명

천자가 서쪽 오랑캐에게 잡혀가기도 하고, 천자국의 영토를 빼앗기는 상황이 벌어지는 서주(西周) 말에 천자의 권위는 의심받고 흔들린다. 예의 정점인 천자가 흔들린 것이다. 이때 공자의 조국인 노(魯)나라에서 환공(桓公)의 서자들인 삼환[三桓: 맹손씨(孟

孫氏), 숙손씨(叔孫氏), 계손씨(季孫氏)의 후손]이 멋대로 군대 편
제를 만들고 그 군대를 유지하기 위해 사전(私田)에 대한 소유권을
주장하며 그 농토에 세금을 매기기 시작한다. 그러다 노나라의
영토를 12등분 하여 삼환들이 나누어 갖고 군주는 망명을 가는 일
이 벌어진다. 이러한 일들이 일어난 시기는 공자의 생존 시기와 겹
친다.

정전제에서 수조권만 가진 대부들이 농토의 소유권을 주장하고,
이를 사고팔기까지 하는 일이 노나라에서 시작되어 초나라, 정나
라로 번져가다가 B.C 6세기에 이르러서는 모든 제후국에서 시행
된다. 토지 소유권이 인정되자 새로운 대부와 사 계급 중에 부유한
계층이 등장하면서 이들은 사병(私兵)을 갖추어 정권을 탈취하는
일들이 벌어진다. 이들을 묵자는 '별군(別君)'과 '별사(別士)'라고
불렀다. 묵가는 이들은 백성의 안위와 친구의 안위에 관심이 없으
며 자신의 이익만을 도모한 '비겸인(非兼人)'이라고 평한다. 비겸
인은 묵자가 자신 사상의 제1원리로 삼은 겸애(兼愛)와 반대되는
용어이다.

앞에서 언급하였듯이 예악이 붕괴하여 천하에 도가 없다고 공자
는 탄식했다. 그래서 그는 예를 기준으로 계급적 위계를 회복하기
위해 정명론(正名論)을 주장한다. 위계의 그물망을 복구하자고 선
언한다. 허망한 일이다. 공자 자신이 삼환 중의 하나인 계손씨의
가신인 양호(陽虎)가 내린 관직을 받았다. 양호는 계손씨 집안이

세습한 재상직을 찬탈한 자였다. 공자는 예악의 회복을 주장하였지만, 예악의 붕괴를 선도한 계손씨와 그 집안의 총재인 양호에게 관직을 제수받았다. 공자는 자신의 행위와 주장에 대해 부끄러워했다는 기록은 없다.

• 예에서 성문법으로

이러한 흐름에서 정(鄭)나라는 예악을 폐기하고 성문법을 제정하여 이를 반포하면서 청동솥을 주조한다. 이를 '정자산(鄭子産) 주형정(鑄刑鼎)'이라고 부른다. 정자산이 형법을 기록한 청동솥은 주조했다는 말이다. 진(晉)나라도 성문법을 청동솥에 새겨넣는다. 이를 '형정(刑鼎)'이라고 부른다.

청동솥은 천자와 제후의 계약이자, 제후가 천자에게 충성을 맹세하며 그 내용을 기록하던 기물이었다. 그래서 주나라 청동솥은 제후가 천자로부터 관직과 봉토를 받는 수봉(授封) 의식을 기록하던 것으로 예의 증거였다. 이제 그러한 권위를 가진 예의 증거가 아니라, 모든 사람이 따라야 하는 법률 내용을 기록한 기물이 된다.

• 변법

여러 제후국에서는 변법을 시행하기 시작한다. 이들 제후국 중에서 변법을 철저하게 시행하여 국가의 위상을 일신한 나라들이 존재한다. 진(秦)나라, 위(魏)나라, 초(楚)나라 등이 변법을 시행한다. 변법에 성공한 나라들은 춘추와 전국 시기 패권국이 된다.

① 진나라의 변법

진나라는 상앙(商鞅)을 등용해 변법을 전면적으로 시행한다. 그 내용은 구시대의 신분제인 세경(世卿), 세록(世祿) 제도를 폐지하고, 새로운 존비(尊卑) 작위 등급제를 시행한다. 귀족들의 토지 소유제를 폐지한다. 토지의 사유제와 매매를 인정한다. 행정단위로서 군현제를 설치하여 중앙 집권제를 시행한다.

②위나라의 변법

위나라는 이리(李悝)를 재상으로 삼아 변법을 실시한다. 친친(親親)의 원칙에 따라 세습되던 식읍과 녹봉을 폐지한다. 공이 있을 때만 녹을 준다. 농사를 짓는 사람이 땅을 소유해야 한다는 경자유전(耕者有田)의 원칙에 따라 농민에게 토지를 부여한다. 국가 소유의 농토와 귀복들로부터 식읍을 회수하여 농민에게 주며, 세금 10%를 징수한다. 황무지 개간을 장려하고 그 토지의 소유권을 인정하며 세금 10%를 징수한다.

③초나라의 변법

초나라는 오기(吳起)를 등용해 변법을 시행한다. 공족(公族)의 세록(世祿)을 회수하고 군왕과 소원한 공족은 족보에서 삭제하였다. 공족 중에 3대 이상 봉록을 세습한 경우 작록(爵祿)과 식읍(食邑)을 회수한다. 이민정책을 통해 귀족들을 여러 지방으로 산개하고 토지를 박탈한다. 황무지 개간을 장려하고 그 소유권을 인정한다.

세 나라의 경우만 소개했지만, 이러한 변법은 한(韓), 조(趙) 등의 나라로 전파되어 천하에 번져갔다. 변법이 성공한 경우도 있지만 실패한 경우도 많았다. 초나라는 강력하게 변법을 시행했던 도공(悼公)이 죽자, 귀족들의 반발로 변법이 실패하기도 한다. 그러나 전국시대에 강대국은 대부분 변법에 성공한 나라들이다.

• 역전법과 농민 공동체

춘추전국시대에 농민은 전농(佃農)이다. 전농은 농토에 매인 노예이다. 이들은 읍(邑)의 밖에서 거주하였는데, 이들이 거주하는 공간을 여(閭)와 항(巷)이라고 불렀다. 여와 항은 읍을 중심에 두고 둘러싼 형태로 배치되었고, 다섯 집이 하나의 행정단위가 되는 오가작통(五家作統)에 의해 관리되었다.

봄이 되면 지관(地官)이 전농을 이끌고 농사지을 작물의 종류와 농사지을 땅을 지정해 준다. 지관은 지력이 소진된 땅이 아니라 새로운 땅을 지정해 주는데, 이를 역전법(易田法)이라고 한다.

농민들을 새로 지정된 황무지에서 잡목을 태우고 개간하여 농사를 짓는다. 가을이 되어 추수하고 여와 향으로 돌아오기 전까지는 농지에 움막인 여(廬)를 새우고, 생활하였다.

오가작통에 따라 다섯 집이 하나의 움막을 공동으로 사용하였다. 수십 개의 움막이 농지를 둘러싸고 지어졌다. 농지를 중심으로 농민들이 모여 살며 자치의 공동체를 형성하였다. 농사의 시작인 봄에서 추수를 끝낸 가을까지는 완벽하게 농민만의 공동체가 이루어지는 것이다.

변법이 진행되던 시기에 황무지 개간이 장려되면서 소규모 농민 공동체는 읍과 차츰 멀어지면서 그들만의 공간을 형성할 가능성이 열려 있다. 소국과민(小國寡民)의 공동체가 형성될 가능성은 존재했다. 물리적으로 읍의 행정력과 정치력이 닿지 않는 공간, 전농의 공동체는 계급과 신분제가 사라진 자치의 공간이었다. 연암 박지원이 허생의 섬에서, 육지와 먼바다 한가운데 사람이 없는 무인공도를 상정한 것은 이러한 상황과 맞닿아 있을 수 있다.

• 한비자의 법(法)과 황로사상의 형명(刑名)

전국 시기 한비자는 노자의 사유를 빌려와 자신의 법치 사상을 체계화한다. 한비자는 「해로(解老)」 「유로(喩老)」편을 통해, 노자의 도(道)로부터 법(法)을 도출한다. 노자의 도가 무엇인지 정확하게 규정할 수 없지만, 그 속성이 저절로 그러함과 무위함이라면 노자의 도는 사실의 범주에 속한다. 그러나 법은 당위의 범주에 속한다. 사실의 범주에서 당위의 범주를 도출할 수 없다. 그래서 한비자는 노자의 도와 법 사이에 이를 매개하는 이(理)와 인(因)이라는 개념을 매개 개념으로 사용하여, 도로부터 법을 연역해 낸다.

그는 만물은 저마다 다른 이(理)가 있으며, 도는 만물의 각기 다른 이를 포괄한다고 하고, 이가 구체화되어 사회적 제도와 규범이 된 것이 법이라고 한다. 그리고 만물이 가진 바탕[因]을 이용해 최상의 이로움을 얻는데, 이것이 법이라고 한다. 한비자는 변법의 시기에 법가 사상을 정립하기 위해, 노자의 도를 근거로 삼는다.

황로학의 형명론에서도 노자의 도는 근거가 된다. 노자의 "도가 일을 낳고"와 같이 "도가 법을 낳는다.(『황제사경』「經法」)"라고 한다. "도를 장악한 자는 법을 제정하지만 법을 어기지 않는다. 법이 일단 설립되면 감히 폐하지 않는다. 그래서 척도가 되는 법의 테두리 안에서 스스로 곧바를 수 있다면 천하를 알고 미혹되지 않는다.(『황제사경』「經法」)"라고 한다. 황로학에서 노자의 도는 형명의 법이 되고, 이는 도로부터 연역되는 것이라고 한다.

이제 서론에서 제기한 노자의 '무명'과 '소국과민'의 성격이 무엇인지 그 단초를 얻을 수 있다. '무명'은 규범과 제도가 없는 상태이다. 변법의 시대에 법가 학자들과 황로학자들은 새로운 제도와 규범을 만들기 위해, 노자의 무명을 자기 이론의 근거로 삼았다. 그리고 무명으로부터 법을 도출해 낸 것이다.

이러한 역사적 흐름에서 해당 자료들을 기초로 노자의 무명과 소국과민을 현대 철학의 관점으로 정리하였다.